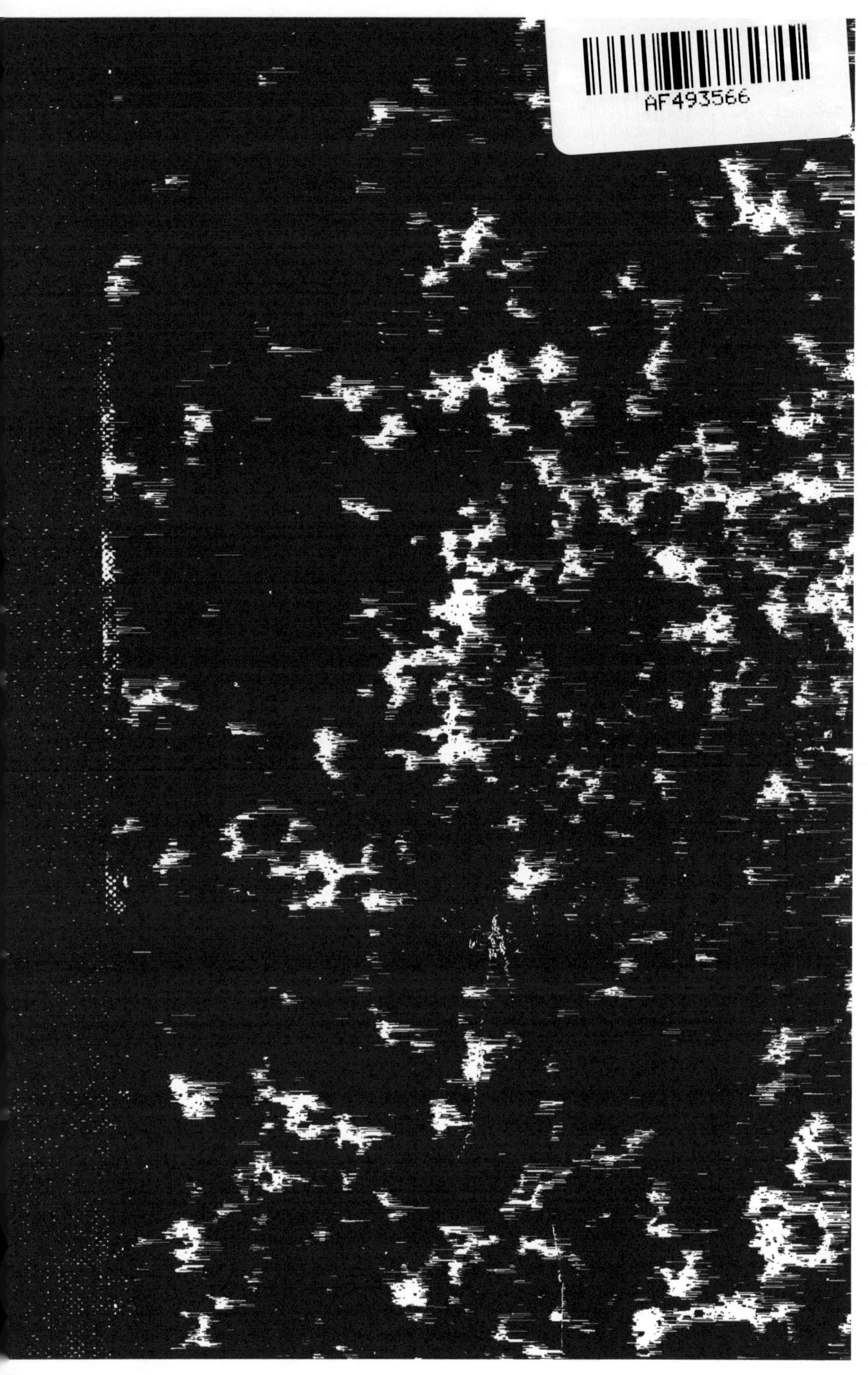
AF493566

Chez tous les Libraires, à partir du 11 mars

50 LIVRAISONS ILLUSTRÉES A 10 CENTIMES

NAPOLÉON Ier

HISTOIRE TAMTAMARRESQUE DU GRAND HOMME

PAR

AMABLE BAPAUME

Précédée d'une Préface par COMMERSON

ILLUSTRATIONS par PAUL BERNAY

10 c. LA LIVRAISON ILLUSTRÉE

50 c. LA SÉRIE DE 5 LIVRAISONS

L'OUVRAGE COMPLET SE COMPOSERA DE 50 LIVRAISONS ILLUSTRÉES

A 10 CENTIMES

Deux livraisons par semaine, à partir du 11 mars

Et une série de cinq livraisons tous les vingt jours, à partir du 25 mars

DÉPOT PRINCIPAL CHEZ MADRE, 20, RUE DU CROISSANT, A PARIS

NAPOLÉON Ier

HISTOIRE TAMTAMARRESQUE DU GRAND HOMME

Après Béranger et sa fidèle Lisette qui ont chanté le Tricorne Légendaire, sous lequel Las Cases, Norvins, Laurent de l'Ardèche, Mignet, Thiers et Lanfrey n'ont entrevu que le grand légiste et l'immortel capitaine, Emile Marco de Saint-Hilaire a osé toucher à l'Homme, mais si peu, et avec tant, non pas de respect, mais de fétichisme, qu'il a irrité et non satisfait la curiosité.

C'est pourquoi, fatigué de voir que, au milieu d'une auréole de gloire, Napoléon Ier nous apparaissait toujours sévère, sérieux, triste, codes sous le bras et épée à la main, Amable Bapaume, le joyeux auteur de la **Rome Tintamarresque,** vient, à son tour, de toucher carrément à l'idole.

Si un succès sans précédent a accueilli dans le **Tam-Tam** son histoire de Napoléon Ier, histoire drôlatique et anecdotico-véridique de la célèbre Rédingote Grise, c'est que l'auteur a puisé à toutes les sources, a fouillé dans toutes les bibliothèques, a fait jaser tous les Vieux de la Vieille et, enfin, s'est lancé à corps perdu dans les terres, jusqu'ici inexplorées, de l'Invention, et a découvert et livré au public des trésors d'anecdotes inédites, lesquelles ont stupéfié, émerveillé et déridé cent mille lecteurs.

Aussi, aujourd'hui, grâce à Bapaume, qui ne se croit point un Rabelais, mais simplement un digne rédacteur du **Tam-Tam** et du **Grelot**, avons-nous un Napoléon Ier complet, écornifistibulant.

Le Napoléon du coin du feu, la Joséphine du foyer, les amis des heures intimes, les confidences les plus secrètes et les plus gauloises, les faits les moins connus, disons mieux, les faits les plus inconnus, Bapaume nous a tout révélé... ; et dans quelle langue, dans la langue de Scarron!

Toutes les farces de jeunesse, toutes les amourettes, tous les duels, toutes les cascades de Napoléon, nous les connaissons aujourd'hui ; toutes les faiblesses, tous les bons mots, plus ou moins croustillants, tout le pourquoi sérieux et bouffon de la conduite du Grand Homme, nous ne les ignorons plus.

A côté de l'histoire du héros, histoire suivie pas à pas, nous avons les mémoires du fétiche chansonné.

Ce Napoléon, unique en son genre, paraîtra le 11 mars prochain, chez tous les libraires, en livraisons illustrées par le crayon fin et comique de Paul Bernay. Le crayon de Bernay apportera à Bapaume un regain de succès.

Cet ouvrage sera orné de plus de deux cents dessins entièrement inédits.

50 livraisons à 10 centimes

Deux livraisons par semaine, à partir du 11 mars

10 séries de 5 livraisons à 50 centimes

Une série tous les vingt jours, à partir du 25 mars

1 — PARIS. ÉDOUARD BLOT ET FILS AINÉ, IMPRIMEURS, RUE BLEUE, 7

NAPOLÉON Ier

HISTOIRE TAMTAMARRESQUE DU GRAND HOMME

PAR

AMABLE BAPAUME

PRÉFACE

Après Béranger et sa fidèle Lisette qui ont chanté le Tricorne Légendaire, sous lequel Las Cases, Norvins, Laurent de l'Ardèche, Mignet, Thiers et Lanfrey n'ont entrevu que le grand légiste et l'immortel capitaine, Emile Marco de Saint-Hilaire a osé toucher à l'homme, mais si peu, et avec tant, non pas de respect, mais de fétichisme, qu'il a irrité et non satisfait la curiosité.

C'est pourquoi, fatigué de voir que, au milieu d'une auréole de gloire, Napoléon Ier nous apparaissait toujours sévère, sérieux, triste, codes sous le bras et épée à la main, Amable Bapaume, le joyeux auteur de la *Rome Tintamarresque*, vient, à son tour, de toucher carrément à l'idole.

Si un succès sans précédent a accueilli dans le *Tam-Tam* son histoire de Napoléon Ier, histoire drôlatique et anecdotico-véridique de la célèbre Redingote Grise, c'est que l'auteur a puisé à toutes les sources, a fouillé dans toutes les bibliothèques, a fait jaser tous les Vieux de la Vieille et, enfin, s'est lancé à corps perdu dans les terres, jusqu'ici inexplorées, de l'Invention, et a découvert et livré au public des trésors d'anecdotes inédites, lesquelles ont stupéfié, émerveillé et déridé cent mille lecteurs.

Aussi, grâce à Bapaume, qui ne se croit point un Rabelais, mais simplement un digne rédacteur du *Tam-Tam* et du *Grelot*, avons-nous un Napoléon Ier complet, écornifistibulant.

Le Napoléon du coin du feu, la Joséphine du foyer, les amis des heures intimes, les confidences les plus secrètes et les plus gauloises, les faits les moins connus, disons mieux, les faits les plus inconnus, Bapaume nous a tout révélé... et dans quelle langue, dans la langue de Scarron !

Toutes les farces de jeunesse, toutes les amourettes, tous les duels, toutes les cascades de Napolione, nous les connaissons aujourd'hui; toutes les faiblesses, tous les bons mots, plus ou moins croustillants, tout le pourquoi sérieux et bouffon de la conduite du Grand Homme, nous ne les ignorons plus.

A côté de l'histoire du héros, histoire suivie pas à pas, nous avons les mémoires du fétiche chansonné.

Là se dressait pour l'auteur une difficulté gigantesque. Il s'agissait, en demeurant historien, de provoquer le fou rire.

Or, ce n'est pas une mince tâche que de dire la vérité sur le compte des héros sans blesser ceux-ci, sans horripiler ceux-là. D'autre part, d'aucuns pouvaient reprocher au Tite-Live moderne de n'avoir pas assez forcé la note humoristique.

Bapaume n'y a pas été par quatre chemins. L'ex-grave professeur s'est souvenu du *Castigat ridendo mores*, et il a écrit l'histoire de Napoléon Ier en riant à se faire craquer la pendule.

Que si on lui reprochait d'avoir, par instant, quelque peu violé la chronologie, il répondrait tout de suite que des maîtres l'ont fait avant lui, et que, des premiers, Virgile, pour les besoins de sa cause, ne s'est pas fait faute de mettre en face Énée et Didon, et les lecteurs ne s'en plaignent pas.

Ce Napoléon, unique en son genre, est illustré par le crayon fin et comique de Paul Bernay. Le crayon de Bernay apportera à Bapaume un regain de succès.

Nous déclarons, en terminant, que nous n'en voulons nullement à Bapaume de nous avoir fait jouer le rôle de compère dans sa gauloise revue napoléonienne.

Le Centenaire,

COMMERSON.

PREMIÈRE PARTIE

LA RÉPUBLIQUE ET LE CONSULAT

CHAPITRE PREMIER

es suites d'une indigestion de radis noir

Le 15 novembre 1768, la Corse était heureuse.

Ce jour-là, sur le coup de midi, l'aîné des petits déjà éclos de Charles Buonaparte entra comme un ouragan dans la salle à manger de ses pères en criant : Papa, viens voir ! Il y a un gros pierrot sur la cheminée !

Charles suivit son moutard et resta effaré en apercevant, au lieu d'un vulgaire moineau, un vieil aigle déplumé se dandinant mélancoliquement sur la girouette de la maison.

— Mon fils, dit Charles à son fruit, vous êtes une oie ! Ce pierrot est un aigle !

Après ce discours, Charles rentra dans ses lares et dévora soucieusement un énorme radis noir. A la dernière rondelle, notre homme, envahi par l'inspiration, s'écria : Cet aigle nous présage de grandes destinées !

Laquelle exclamation prouve péremptoirement que lorsqu'on mange un radis noir, on n'en pense pas moins.

Or, Hamburger-Ajax a lu dans Plutarque, du moins il l'affirme, que le radis noir excite.

Je partage la manière de voir de ce savant, duquel Gédéon a fait un portrait aussi flatteur que réussi.

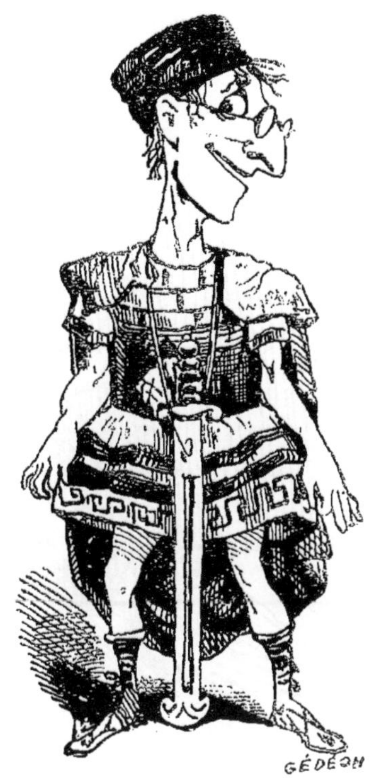

Quoi qu'il en soit, Charles, en finissant son raifort qui, par parenthèse, était un des plus forts produits de la famille des dicotylédonées, murmura : *Aide-toi, le ciel t'aidera !*

Le ciel, ajouta Charles, qui, quoique Buonaparte, n'était pas aussi illettré qu'on pouvait le croire, le ciel en cette affaire... c'est ma femme !

Le soir de ce même jour — jour néfaste — sur les minuit — c'est l'heure des crimes — comme la belle Lætizia, veuve d'un Ramoli...no et femme de Charles, se jetait pudiquement dans les bras de Morphée, Charles, que taquinait formidablement son radis noir, détacha un léger et amoureux coup de coude à sa moitié en murmurant, piano : Lætizia !

— Fica-moi la pax, répondit-elle d'abord (en français élégant : Fiche-moi la paix !)

Charles demeura coi cinq minutes, mais, au bout de ce laps, il reprit, forté : Lætizia !

— Quoi encore?

— Ma petite Lætizia, j'ai trop mangé de raifort!

— Quel crampon!... Il te faut une infusion de camomille?...

— Ah! non... pas de camomille... Autre chose!...

— Quoi?...

— Mi-a-ou !...

Lætizia bondit.

A la lueur d'une veilleuse indiscrète, elle s'aperçoit que les yeux de son minet brillent comme deux vers luisants.

— Ah ! Charles !... murmure-t-elle oppressée.

Enhardi, Charles répond d'un ton câlin :

— Ma minette, si nous fondions une petite dynastie ?

— J'ai envie de dormir, réplique mollement Lætizia !...

— Mi-a-ou !

— Charles !

— Mi-a-ou !

— Finissez !

— Mi-a-ou ! mi-a-ou ! mi-a-ou !...

Le 15 août 1769, — mi-août, — Napolione venait au monde.

Plus tard, — un malheur n'arrive jamais seul, — un incendie détruisit la maison où naquit l'ogre de Corse, ce qui a fait dire à Dupuis, ou à M. Rouher : Le feu purifie tout !

CHAPITRE II

e baptême de l'Ogre

Le 21 juillet 1771, deux ans après la naissance de Napolione, un de ses grands-oncles, aussi archi-diacre d'Ajaccio que le père Gagne est archi-tannant, s'écria : Lætizia, si nous baptisions ton fruit?

— Baptisons! répondit-elle.

Comme elle allait retirer le petit de dessous sa cloche, l'archi-diacre lui dit : Tantôt, ma nièce, tantôt!... J'ai mon plan!

L'archi-diacre se rendit aussitôt en face de la petite île de Sanguiniera, sous un rocher sauvage, dans une sombre retraite où, une baguette dans la main droite, des besicles bleues sur son dôme nasal, et sous la main gauche de vieux in-folios respectés par les rats, probablement l'œuvre d'un Veuillot du moyen âge, il invoqua et évoqua toutes les fées et tous les génies des temps passés, présents... et même futurs.

A midi, au milieu de la famille ébahie, l'archi-diacre trouva l'enchanteur Merlin, donnant le bras à la fée Carabosse, Ignace de Loyola et Bilboquet, et une petite boîte

ronde, sur le couvercle de laquelle étaient écrits ces mots : Chalet du Gnome.

La cérémonie du baptême terminée, comme Carabosse et Merlin, Ignace et Bilboquet s'approchaient de la nourrice de Napolione, une vraie commère, pour douer le moutard des dons les plus rares, voilà qu'une odeur indiscrète envahit la salle... quelque chose comme l'odeur regrettable que répand partout sur son passage la grande Berthe, la langouste à la batiste : Napolione venait de déshonorer ses langes.

Seule, une mère pouvait sauver la situation.

Lætizia la sauva.

Les mères ont de ces à-propos qui confondent le penseur.

Donc Lætizia s'écria : Mesdames et messieurs, pardonnez

à la joie,... à l'émotion... Les mères, vous le savez, se laissent facilement aller!

Les génies sourirent, pardonnèrent et prédirent de grandes destinées à l'enfant.

Seule, la boîte ronde ne disait rien.

— Gnome révéré, clama respectueusement l'archi-diacre, ne direz-vous rien à Napolione?

La boîte s'ouvrit tout à coup et le gnome apparut, un rasoir à la main.

Chacun se signa avec respect et s'écria avec effarement : Commerson !

D'une voix solennelle non moins que crépitante, Auguste dit alors : Petit, comme moi, tu seras le raseur de ton siècle!

Bilboquet ajouta : A la mousse! à la mousse! à la mousse!...

CHAPITRE III

Jeunesse de Napaillonné

A l'âge de cinq ans, Napolione alla, en rechignant, à l'école. Il y apprit vite à chiper les tartines de ses camarades, à curer de son mieux ses fosses nasales et à faire des mots.

A dix ans, quand il sut à peu près lire, son père le conduisit à l'école de Brienne.

Cette école était dirigée par les religieux minimes de l'ordre de Saint-Benoît. Dans ce temps-là, c'était déjà comme ça! Des moines étaient chargés de former de jeunes officiers.

Après tout, rien que de naturel. Tout le monde sait qu'à la messe il est question de *canon*.

Et puis, n'est-ce pas un moine saxon qui a inventé la poudre?

A Brienne, Napolione apprit l'écriture, l'histoire, le latin, l'arithmétique et... la sobriété, les bons religieux servant tous les jours à leurs élèves des haricots, des lentilles et du brie.

Un jour les élèves protestèrent contre les haricots.

D'un mot, Napolione apaisa la révolte : Camarades, dit-il,

les bons moines ont deviné que nous ferons un jour du bruit!

Napolione avait un léger accent. Grâce à cet accent, il prononçait ainsi son nom : Napaillonné.

Ce qui lui valut le sobriquet de *La Paille au nez.*

Pendant l'hiver de 1783 à 1784, la neige tomba en abondance et couvrit les cours de l'école. Ecolier studieux, Napolione s'écria aussitôt : Les *cours* sont suspendus!

Les bons moines trouvèrent le mot drôle, donnèrent congé et descendirent dans les cours où les élèves, sous la direction de *La Paille au Nez*, construisirent des retranchements, des bastions et des redoutes de neige.

Un jour que les élèves répétaient la *Mort de César*, tragédie qu'ils devaient jouer le lendemain en public, Napolione, qui commandait le poste de la comédie, refusa l'entrée des coulisses à la portière. Vous voyez d'ici la fureur de Mme Pipelet. Le lendemain, quoique non munie d'une contremarque, Anastasie voulut forcer l'entrée de la salle de spectacle. *La Paille au Nez* ordonna de croiser la baïonnette contre elle, en s'écriant d'une voix éclatante : Concierge, je vous ai déjà mise *à la porte hier!*

Commerson se gratta le bout du nez et dit : Ce jeune homme sera la gloire de Brienne!

En 1784, Napolione se présenta à l'Ecole militaire de Paris, armé du bulletin suivant :

Lecture	Assez bien.	Écriture.	Illisible.
Histoire et Géographie.	Passable.	Latin	Mal.
Mathématiques. . . .	Faible.	Allemand.	Néant.
Caractère.	Sournois.	Conscience	Élastique.

On jugea à propos de lui faire subir un examen définitif.

De cet examen date sa réputation.

Il fut reçu, grâce à sa composition de mathématiques... et à Commerson, qui lui fit cadeau de la solution du problème proposé à tous les candidats.

Voici ce problème :

L'empereur de toutes les Russies charge un grand musicien d'apprendre la gamme à ses sujets. Au bout d'un an, un jour, une heure et quatre secondes, notre musicien, qui n'a trouvé que des brutes dans ses élèves, jette sa lyre aux orties et prend le froc. — Dire le nom de ce musicien.

Trois heures furent données pour faire cette composition. Au bout de ce laps, tous les candidats donnèrent leur langue aux chiens.

Seul, Napolione remit une copie.

Cette copie ne contenait qu'un mot.

Ce mot, c'était la solution du problème.

Cette solution était celle-ci : Austerlitz !

Pour les académiciens qui n'ont plus de mouron sur la cage : Austère Liszt !

Le père Pichegru dit que la France comptait un mathématicien de plus.

Napolione — un péché de jeunesse — fut reconnaissant : il prêta quinze francs à Commerson.

Celui-ci fit un mauvais usage de cette somme folle.

Il fonda le *Tam-Tam*, où nous verrons bientôt écrire Chateaubriand et Lafitte, Royer-Collard et Le Guillois, Béranger et Victor Hugo, à côté du plus grand blagueur des temps modernes : Jean-Louis-Auguste Commerson, dit plus tard : Joseph-Napoléon Citrouillard.

CHAPITRE IV

Premières armes de Napolione

Le 2 septembre 1785, Louis XVI eut la funeste idée de nommer cinquante-huit lieutenants pour les divers régiments de l'armée.

En tête des élus, on lisait bien Commerson, Desmazis, et cœtera, mais de Napolione il n'était pas question.

De douleur, Napolione en attrapa cette couleur bistre qu'il garda toute sa vie, et qui distingue les bonshommes de pain d'épice.

Commerson, que cette couleur chagrinait, prit aussitôt un parti et l'*omnibus*. Avec Napolione il grimpa sur l'*impériale* et se rendit aux Tuileries.

LUGUBRE PRÉDICTION DE NAPOLIONE

Ils furent immédiatement introduits devant Louis XVI. Auguste tança très-respectueusement Sa Majesté pour avoir oublié de nommer Napolione lieutenant.

— Sire, lui dit-il, agir ainsi, c'est le fait d'un daim!

Ébahi, le Bourbon répondit : Ventre-saint-Gris! on n'a jamais parlé aussi familièrement à une sorbonne couronnée.

Marie-Antoinette, qui venait d'entrer, s'écria : C'est à en perdre la tête!

Muet jusqu'alors à l'instar d'un goujon qui se recueille, Napolione rompit ainsi le silence : Madame, prenez garde que cela ne vous arrive bientôt!

Cette prophétie lugubre terrifia tellement le Roy qu'il signa immédiatement son brevet de lieutenant à Napolione.

Dans sa joie, le soir, à la *Chaumière,* Napolione dessina le pas du lieutenant cascadeur.

Pichenette, qui lui faisait vis-à-vis, essaya en vain de lever, comme lui, la jambe à la hauteur du lumignon de l'autorité.

NAPOLIONE POÈTE

Le même soir de ce beau jour, après le bal, on but du punch à indiscrétion à l'École Militaire. On en but même tant que, comme les autres, Napolione laissa aller sous lui ce couplet qu'on chanta si longtemps sur l'air de la Reine Hor-

tense, à moins que ce ne soit sur un autre. Nous croyons même que c'est sur un autre :

AIR... *ad libitum.*

Fi d'Harpagon cachant sa braise !
Fi d'qui fait fi du calumet !
Buvons sec et fêtons Babet !
Si l'colonel la trouv'mauvaise,
Tant pis pour notre lansquenet !
Si nous avons notre plumet,
Gai ! c'est la faute à Louis Seize !

CHŒUR

Si nous avons notre plumet,
Gai ! c'est la faute à Louis Seize !

DÉPART DE NAPOLIONE POUR LYON

Le lendemain matin, le colonel s'empressa de diriger nos chanteurs sur Lyon.

Inutile de faire le portrait de Napolione et de Commerson. Tout le monde sait que Commerson était le plus joli cocodès de son temps, qu'il avait une raie derrière, un front olympien, un œil américain et, au milieu du visage, une vitelotte assassine..., que les femmes qu'il a aimées ont souvent revue dans leurs rêves.

Napolione était tout aussi remarquable.

La seule différence, c'est qu'il était laid.

Pour le faire passer en société, Commerson dut lui apprendre l'art de se faire une tête. Convenablement maquillé, Napolione était supportable.

Le gousset bien garni, ces futurs hommes de Plutarque s'empressèrent, en descendant de la patache, de visiter les cafés et de fréquenter les coulisses.

UN CALEMBOUR DE SOUS-LIEUTENANT

C'est au café de la Comédie qu'un soir Napolione, qui jouait aux dominos avec un citoyen du crû, épouvanta Commerson par le sang-froid et la crânerie qu'il montra, en disant à son adversaire qui venait de lui mettre six partout : *Quel sot six!*

PRALINE ET CACHEMOIÇA

Dans les coulisses, le pompier de service fut souvent obligé d'intervenir pour éteindre Napolione, qui prenait aisément feu en voyant cascader la jolie Cachemoiça, tandis que Commersòn, jeune homme bronzé, obligeait, par son fluide magnétique, la sémillante Praline à tomber pantelante à ses pieds.

Tout a un temps.

Un beau matin, la bourse de nos amis se trouva aussi veuve d'écus que le cerveau de l'auteur de *Rabagas* est vide d'idées.

Napolione alla voir le papa Barlet.

Le papa Barlet, un vieil ami de la famille, prêta au jeune lieutenant de quoi se rendre à Valence.

Au lieu de se rendre à Valence en voiture, nos gaillards se rendirent en diligence chez Praline et Cachemoiça.

A deux jours de là, Auguste et Napolione, sans sou ni maille, prirent à la fois un verre d'absinthe et un parti héroïque.

Ils annoncèrent à leurs aimables petites chattes que les toiles se touchaient et que, en conséquence, ils partaient à pied le lendemain pour Valence.

Les adieux furent déchirants.

Pour calmer la douleur de Cachemoiça, Napolione, s'accompagnant sur un gril, qui n'était pas fort en géographie, pas le gril... Napolione, chanta à sa maîtresse :

A Valence, où pour rien on se paye une orange,
Attends pour me rejoindre un faible envoi d'or, ange.

Le lendemain matin ils se mettaient joyeusement en route,... mais à midi ils crevaient de faim.

Ils étaient tout près de Tournon.

Alors que les boyaux de Commerson chantaient un douloureux miserere, Napolione, qui venait d'apercevoir un château à droite sur sa route, cria à Commerson : Ne geins pas, nous sommes sauvés !

Commerson agita joyeusement les grelots de la folie et partit de l'avant.

NAPOLIONE FAISEUR DE CHARADES A DOMICILE

Le tricorne sur l'oreille, Napolione souleva crânement le heurtoir et, après avoir appris que la dame du lieu se nommait Hélène, il lui dit, aussitôt admis en sa présence, sans crier gare, et en vers de douze pieds :

La femelle du chat est mon premier... Une île,
Mon second,... un rocher affreux, triste, stérile

Et vous êtes mon tout, dame de ce castel,
Qui nous devez ce soir pain, lit, vin, poivre et sel!

— Chatte! s'écria aussitôt la dame, rouge de plaisir, autant et plus que trois guignes.

— Hélène! clama le vieux suzerain.

— Châtelaine ! dirent-ils en chœur, en dansant en rond, comme deux ahuris de Chislehurst!

Napolione reprit gravement : Vous y êtes!

Commerson ajouta insidieusement :

— Pour avoir deviné, vous avez droit tous deux à un abonnement d'un an au *Tam-Tam*. Dix francs par an, parce que c'est vous!... Collez-moi un louis!

Les châtelains firent semblant de ne pas comprendre la vile prose et répondirent : Holà! Jasmin! Maritorne! Servez copieusement ces jeunes troubadours!

Nos voyageurs arrivèrent ainsi jusqu'à Valence, gagnant leur pitance à la sueur de leur faconde.

Mais, à Valence, les habitants, gens de goût délicat, firent les difficiles, et Napolione remporta sa petite veste.

— A toi la guitare! dit-il à Commerson.

Commerson alla tout droit chez madame la douairière de la Fesse-Écarlate, et ayant obtenu une audience, il dit à brûle-pourpoint à la dame, que la vitelotte du maître avait quelque peu rendue rêveuse :

Bravant sous mon second les rayons du soleil,
Triton de mon premier tire accord sans pareil,
Et d'un sot, trait pour trait,
Mon tout est le portrait!

Madame de la Fesse-Écarlate pria Auguste de l'aider. Commerson, toujours gracieux,... et pressé de se mettre à table, dit à madame la douairière :

Belle dame, mon premier est *conque*, mon second est *ombre*, et mon tout...

— C'est vous, Concombre, s'écria la Fesse-Écarlate indignée, en jetant nos deux officiers à la porte.

NAPOLIONE CHERCHEUR DE PUCES

Vint la nuit.

Il fallait absolument trouver un gîte, sous peine d'être ramassé par une *patrouille*.

Dans les grandes occasions, les grands hommes se révèlent, en levant le nez en l'air,... à moins pourtant, dit Aristote, qu'ils ne se le grattent.

Napolione leva donc sa trompe en l'air.

Tout à coup il poussa un petit cri et dit à Auguste :

— Regarde !

Ce que vit Commerson produisit sur lui un tel effet que, pour ne pas s'épater tout de son long, il dut s'accrocher au bras de son camarade.

Haletant, il l'accompagna à toutes jambes au numéro 37

de la rue du Marché; frémissant, il grimpa le premier étage de la maison de mademoiselle Claudine Bou; pantelant, il frappa à la porte de la donzelle, et, titubant, il se trouva avec Napolione devant une femme à bon droit émue, mais assez naïve pour venir à pareille heure de nuit ouvrir le loquet dans un costume passablement léger, gracieux et irritant :

Notre jeune beauté n'ayant pour toute mise
Que ses attraits, vingt ans et rien que sa chemise!

— Troun dé l'air! s'écria Auguste.

— Messieurs, jeta Claudine éperdue!...

— Mademoiselle, dit Napolione, nous sommes de hardis chasseurs devant Dieu, mais ne craignez rien de deux gentilshommes! Bien que le beurre soit hors de prix, nous entendons ne gagner notre vie que par des moyens licites. Donc, mon ami et moi, mademoiselle, nous nous transportons le soir à domicile et nous cherchons les puces des dames qui veulent bien nous honorer de leur confiance.

— Célérité et discrétion, mystère et bon marché, ajouta Commerson.

— Voilà, continua Napolione, la devise de notre maison, qui n'est pas au coin du quai.

Une, deux! crac, ça y est! Voyez plutôt!

Et sur la lame cornée qui revêtait l'extrémité dorsale de son pouce, délicatement occis après avoir été dextrement

pincé entre batiste et peau satinée, Napolione présenta à Claudine, stupéfaite et émerveillée, un animalcule de la famille des rhinaptères.

Comme Claudine baissait pudiquement les yeux, Commerson, lui chatouillant amicalement son épaule ronde et rose, lui dit de cette voix mélodieuse qui a fait tant de victimes : Et ta sœur?...

LE PUCICIDE SUR LES DENTS.

D'aucuns prétendent que les femmes sont bavardes; c'est peut-être la faute à Claudine, car Claudine ayant jacassé, toutes les femmes se disputèrent Napolione.

Jamais on n'avait vu tant de puces à Valence.

Napolione, un héros, se multiplia : les puces disparurent.

Les belles dames, ne sachant comment retenir Napolione, eurent l'idée assez anacréontique de faire des commandes à l'étranger.

L'étranger s'empressa de nous expédier ses rhinaptères. Les diligences étaient encombrées de colis. Dans ces colis, rien que des puces. On achetait ces petites bêtes au poids de l'or.

Mais au bout d'un mois, Napolione fut sur les dents. De maigre qu'il était, il devint étique.

Pour le réconforter, ses clientes lui votèrent un surnom. Avant d'être appelé le Grand, Napolione fut surnommé le Pucicide.

Plus tard, aux Tuileries, en petit comité, Napoléon était

heureux que les dames de la cour l'appelassent Pucicide !

Le fat !

L'ÉCU DE FRANCE.

Mais Louis XVI ne l'ayant pas nommé lieutenant uniquement pour chercher les puces des dames du beau royaume de France, Napolione dut un jour aller faire sa visite réglementaire au colonel de Lance.

Le colonel accueillit courtoisement ce jeune homme si cher au beau sexe.

Jaloux de justifier la faveur du Roy, Napolione déclara au colonel que, depuis que Louis XVI s'était occupé de son humble personne, la Corse n'existait plus pour lui.

C'est à ce beau mot qu'il doit d'être adoré à Bastia comme à Ajaccio.

On n'aime que ceux qui vous méprisent.

Les Corses du lieu lui offrirent un banquet chez Faure, *A l'Écu de France.*

Au dessert, Napolione se rappela qu'il avait jadis taquiné la muse, et il accoucha d'une gaudriole que les dames applaudirent frénétiquement et firent bisser, bien que notre lieutenant chantât comme une seringue.

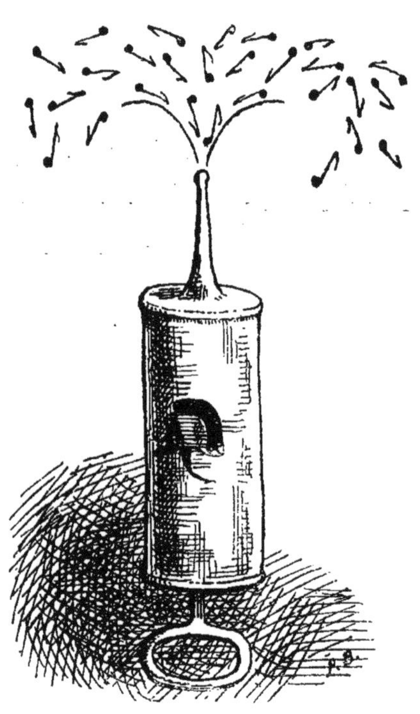

Nous n'en donnons qu'un couplet, qui a plus fait pour la légende napoléonienne que Wagram, Austerlitz et Iéna.

QUATRIÈME ET DERNIER COUPLET.

J'aime assez l'Écu de Russie,
L'Écu de Vienne et de Berlin ;

J'aime l'Écu d'Andalousie,
D'Édimbourg, London et Dublin.
Mais j'adorai de préférence,
Toujours, avant tout et partout,
Mesdames, l'Écu de Valence!
En votre honneur je bois un coup!
Vive l'Écu de France!

UNE BONNE DUÈGNE

Ambitieux et fluet, Napolione prisait les duègnes.

C'était un garçon plein de bon sens. Il savait que les jeunes beautés promettent de vous protéger, tandis que les retours de Paphos vous protégent.

Parmi les vieilles dames que leur âge condamnait à faire tapisserie dans les bals, Napolione remarqua madame du

Colombier, une des personnes les plus influentes de Valence.

Il lui offrit galamment d'aller pucicider chez elle.

Madame du Colombier sut gré à ce jeune guerrier de son dévouement, et, bien qu'elle répondît par la négative, comme une politesse en vaut une autre, elle ouvrit son salon à Napolione.

De ce jour, Napolione entra dans le monde.

LE PREMIER DUEL DE NAPOLIONE

Les relations devinrent froides avec Commerson qui, républicain enragé, pucicidait avec rage chez la grisette.

Aussi Auguste refusa-t-il un jour à son ami de lui servir de témoin dans un duel que Napolione faillit avoir avec M. de Bussy, un enragé corniste.

Napolione, agacé, avait juré de lui passer son épée au travers du corps pour qu'il n'*en* sonnât plus.

Les témoins arrangèrent l'affaire, ce qui exaspéra Commerson, parce qu'il ne mangea pas des canards.

En 1786, Napolione partit seul pour Lyon et Commerson pour Paris.

NAPOLIONE GRAND PRIX DE LYON

Pendant que Commerson faisait parler de lui dans le *Tam-Tam* et tombait les *Maximes de la Rochefoucauld*, en écrivant les *Pensées d'un emballeur*, Napolione, jaloux de prouver à son ex-ami qu'il maniait aussi bien la plume que naguère il pucicidait, Napolione perpétra un discours qui aurait pu faire dire à Démosthène : En voilà un qui est encore plus rasoir que moi !

L'académie de Lyon avait posé cette question : *Quels sont les principes et les institutions à inculquer aux hommes pour les rendre le plus heureux possible ?*

Napolione fit à peu près cette réponse que nous nous sommes procurée à prix d'or.

« Messieurs,

» Tout homme naît ambitieux. S'il a des principes, cet
» homme révérera les institutions de son pays et n'arrivera,
» si le sort en a fait un vulgaire marchand de pommes de
» terre frites, qu'à vendre toujours obscurément le tubercule
» cher à Parmentier. Il ne sera donc pas heureux, n'ayant pu
» satisfaire sa légitime ambition de devenir friturier poli-
» tique.

» Au contraire, s'il n'a pas de principes, il démolira les

» institutions qui l'empêchent d'arriver, et alors il sera des
» plus heureux.

» D'où je conclus, messieurs, que *les grands hommes étant*

» *comme des météores qui brillent et se consument pour*
» *éclairer la terre,* le meilleur moyen de rendre les hommes
» le plus heureux possible, c'est de leur inculquer qu'il n'y
» a pas de principes, et que les institutions... c'est de la
» blague! »

Napolione fut couronné.

Commerson n'a jamais été malade qu'une fois dans sa vie, c'est ce jour-là. De jalousie, cette illustre plume d'oie faillit en attraper la jaunisse.

JOURS DE MISÈRE

Jusqu'en 1792, Napolione se rongea les ongles, ce qui fait qu'il ne sut jamais toucher du piano, mais ce qui ne l'empêcha pas de *dévisser le sien* le 5 mai 1821.

Le 20 juin, comme il venait de dîner à sa gargote ordinaire, et comme il se disposait à aller demander de l'ouvrage à Auguste, quelle ne fut pas sa stupeur de voir Commerson à la tête d'une bande de quatre à cinq mille hommes, se diriger vers les Tuileries, entrer dans le palais de Louis XVI et coiffer le Roy d'un bonnet rouge.

Oui, le Roy! R O Y!

Il jura de ne plus revoir Commerson.

Après le 10 août, il retourna en Corse, où il vécut assez misérablement jusqu'en 1793, les Corses n'aimant point les charades ni qu'on cherchât les puces à leurs femmes.

Un de ses compatriotes, jaloux jusqu'à l'idiotisme, contraignit un jour notre galant à sauter par la fenêtre.

Bannis plus tard par Paoli, Napolione et tous les siens se

réfugièrent à Marseille, où la famille Buonaparte ne fut pas précisément heureuse. Les historiens, en effet, constatent qu'elle n'avait même pas le moyen de se procurer la distraction de faire courir les chiens les uns après les autres, après leur avoir, au préalable, attaché des saucisses à la queue.

BELLE LETTRE DE COMMERSON

Napolione se souvint de Commerson.

Apprenant que son ancien compaing faisait des affaires d'or au *Tam-Tam*, il lui écrivit un jour pour le prier de lui envoyer *franco* par le retour du courrier les quinze francs qu'il lui avait prêtés jadis.

Commerson, quoique songeant à se garder une poire pour la soif, répondit généreusement à son ami ces quelques lignes parties du cœur :

« Mon cher, en temps
» de révolution, avec de la persévérance et du courage, un
» soldat ne doit jamais désespérer de rien, bien plus :

» Il doit savoir et souffrir et se taire
» Sans murmurer (*bis*). »

Cette lettre plongea toute la famille dans la consternation.

RIPOSTE DE NAPOLIONE

Seul, Napolione demeura calme. Bien qu'il se fût croisé les bras derrière le dos, les yeux fixés sur sa lettre qu'il tenait à la main, le héros se révélait déjà ; il marcha quelque chose comme un quart d'heure en silence... et sans rien dire, prétend M. de Norvins, puis il dit simplement : Commerson est un Roublard !

AUGUSTE A LE DERNIER

Pour récompenser Napolione de son exclamation, Commerson lui envoya une seconde missive, ainsi conçue : Ami, les hommes comme toi sont rares ! c'est comme mon Roquefort... Ça marche tout seul !

CHAPITRE V

Toulon

JALOUX de prouver à l'ami Commerson qu'il était homme à aller plus loin et plus vite que n'importe quel Roquefort, Napolione fit son petit baluchon et gagna Paris.

NAPOLIONE COURTIER D'ANNONCES

Au bout de huit jours de démarches infructueuses dans les bureaux du ministère de la guerre, notre héros, après avoir mis ses mains dans toutes ses poches, s'étant convaincu que les toiles se touchaient plus que jamais, prit une grande résolution et ses jambes à son cou.

Grâce à cette étrange manière de vélocipéder, il arriva tout de suite dans les bureaux du *Tam-Tam,* où il trouva Commerson mangeant un entre-côte aux pommes.

Les deux amis s'étreignirent.

A la vue de l'épouvantable débine de son ami, Auguste se mit à pleurer comme un fils d'Io; après quoi, il dévora son entre-côte, en offrant généreusement les pommes à Napolione.

Il fit mieux ensuite. Il lui offrit, au dessert, une place de courtier d'annonces.

— La manne, s'écria Napolione, la manne qui me tombe du ciel !

Mais, au bout d'une semaine, il n'avait pas fait une seule affaire.

Comprenant que son lieutenant d'ami ne réussirait jamais dans le commerce, Auguste s'empressa de se rendre au Comité de salut public et de faire nommer Napolione commandant de l'artillerie de siége chargée de réduire Toulon, que les Anglais, loyaux comme toujours, venaient de piper à la France.

LE MOYEN DE FAIRE CENT LIEUES SANS BOURSE DÉLIER

Naturellement, Napolione demanda cent francs à Commerson pour se rendre à Toulon.

Auguste tira de son porte-monnaie... un numéro du *Tam-Tam*.

— Mon ami, dit-il à son ancien camarade, voici un papier qui vaut mieux que tous les louis de la terre. Avec ça, on se met en route... pour la Chine, si on veut, et on mange et on boit, et on dort et on fume... on séduit même le beau sexe à tire la Rigault, sans bourse délier !

— Bah !

— Voici le truc. Tu te mets en route, et, au bout de dix minutes, tu rencontres un brave homme en voiture. Tu le pries de t'accorder l'hospitalité pour quelques *kilomètres*. Il accepte. A peine assis, tu tires de ta poche ce numéro du *Tam-Tam*, et tu lui lis un article de Chateaubriand ou de Lafitte, de Royer-Collard ou de Le Guillois. Un quart d'heure ne s'est pas écoulé que le malheureux tressaute de rire, à tel point que si tu sais lui glisser adroitement la paume de ta

main sous la partie la plus grassouillette de son individu, tu imprimes à ton homme un si joli mouvement de trajectoire qu'il se trouve tout à coup déposé dans un des fossés qui bordent la route.

— Je fouette le Revigny...

— Et tu te rends à la prochaine auberge, où tu soupes et où tu te couches et où tu laisses en payement cheval et carriole, en prétextant que tu as oublié ta bourse chez la blonde Phrasie.

— Parfait!... Mais si je ne rencontre âme qui vive?

— Alors, tu vas à pied, *pedibus cum jambis*... et c'est à l'aubergiste que, le quart d'heure de Rabelais venu, tu dégoises les joyeusetés de Simon ou que tu chantes de ta voix de crécelle des couplets de Béranger.

— Je pars!... Un mot encore. Tu ne me dis pas à qui je dois lire tes élucubrations, à toi!

Commerson rougit, baissa les yeux et dit modestement :

— Mes articles, à moi... c'est pour les femmes!

Le lendemain matin, Napolione se mit gaiement en route.

Quand il arriva à Toulon, il ne lui restait plus que dix *centimètres* de son *Tam-Tam*. Partout où il l'avait lu, on lui en avait, à deux genoux, demandé un petit carré.

A cette époque, les cadres firent prime.

Aussitôt à Toulon, Napolione alla sonner chez Cartaux, un de ces bons généraux empanachés qui firent jadis la joie des habitués de l'ancien Cirque.

OU NAPOLIONE COIFFE LE PANACHE

Figurez-vous que ce brave Cartaux faisait chauffer ses boulets à une lieue au moins des pièces pour lesquelles ils étaient destinés.

Passablement émerveillé, Napolione demanda à Cartaux comment il s'y prendrait pour faire apporter de si loin ses boulets tout rouges.

C'était la seule chose à laquelle Cartaux n'avait pas pensé.

On ne pense pas à tout.

Cartaux demeurant muet, la maman Cartaux dit à Napolione :

— Citoyen, c'est toi qui va nous dire ça !

— Citoyenne, répondit Napolione de ce ton vainqueur qui jadis avait valu tant de succès à l'aimable Pucicide, je ferais, moi, tout simplement chauffer mes boulets tout près de mes canons !

— Suis-je assez bête ! s'écria Cartaux... Mais c'est simple comme tout ce qu'il me dit là !...

— Boum ! fit la générale.

— Plaît-il, mignonne ?

— Passez vite le panache au petit !

— Mon panache ?...

— Vite ! Le petit en sait plus que toi !

Cartaux passa le panache à Napolione.

OU LE MÉRITE EST DROLEMENT RÉCOMPENSÉ

Napolione fit si bien que, au bout de quelque temps, le nez de messieurs les Anglais s'allongea d'une manière vraiment démesurée. Ils ne pouvaient plus boire que dans un dé à coudre.

En effet, sans une ânerie des représentants du peuple, notre jeune commandant se fût, vers la mi-octobre, emparé du fort Mulgrave.

Généraux et soldats ne voyant plus que par les yeux de Napolione, les représentants du peuple délibérèrent pour savoir quelle récompense ils voteraient bien au commandant de l'artillerie.

Ils mirent tant de temps à trouver cette récompense que le ciel les devança.

Il envoya la gale au général.

LETTRE DE NAPOLIONE A COMMERSON

Napolione avoua qu'il eût désiré autre chose.

En effet, dans une lettre qui ne figure pas dans la *Correspondance impériale,* mais que le Tite-Live du *Tam-Tam* a extorquée à son grand-père, on lit que Napolione, en apprenant à Commerson l'étrange cadeau qu'il venait de recevoir,

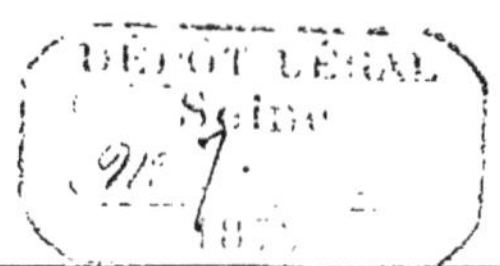

lui dit : « Qu'est-ce que tu dis de ça? Envoie-moi vite Ré-« valescière-Dubarry! »

RÉPONSE DE COMMERSON A NAPOLIONE

Commerson convoqua immédiatement le conseil de rédaction.

Au nom du *Tam-Tam,* Chateaubriand répondit sensément et *franco* à Napolione : « Tu n'as qu'à te gratter! »

C'est depuis ce temps que Napolione fut en proie à toutes sortes de démangeaisons, surtout à celle de distancer le Roquefort d'Auguste.

LE PREMIER SECRÉTAIRE DE NAPOLIONE

Un jour qu'il venait de recevoir sa paye, Napolione, éprouvant le besoin de s'épancher et d'esbrouffer sa petite grue de Cachemoiça, se paya le luxe d'un secrétaire, lequel répondait au joli nom d'Andoche.

A peine notre Andoche achevait-il sa lettre qu'une bombe éclata à dix pas et couvrit de terre et l'amoureuse épistole et le brave secrétaire.

— Tiens ! voilà du sable, s'écria simplement Andoche.

— Voilà un lapin qui a de la plume ! dit Napolione.

Les plumes étaient bonnes, car c'est avec l'une d'elles que la femme dudit lapin écrivit plus tard les Mémoires si recherchés de madame d'Abrantès.

L'Andoche, c'était Junot.

A côté de Junot, il y avait encore les Muiron et les Duroc !

On n'en voit plus guère de ces lapins-là !

La lapinière se serait-elle faite taupinière ?

Les de Failly, les Lebœuf et les Bazaine permettent de le penser.

Quoi qu'il en soit, dans la nuit du 18 au 19 décembre, le fort Mulgrave fut emporté de vive force.

Le lendemain, Dugommier et Napolione couchaient dans Toulon. Les uniformes rouges s'enfuirent tout cramoisis.

FARCEUR D'ÉCHO

A partir de ce moment, tous les regards se portèrent sur Napolione, et le jeune commandant eut la conscience de ce qu'il serait un jour.

Un soir qu'il errait rêveur sur la plage, notre Buonaparte

s'écria tout à coup : « J'irai loin ! je justifierai la prédiction » d'Auguste. A dater d'aujourd'hui, mère, sœurs et frères, je » veux que tous me reconnaissent pour le chef de la famille ! »

Puis, s'animant peu à peu et arpentant la plage à grands pas, il proféra encore ces paroles d'un air inspiré : « Oui, » j'entends qu'un jour nièces et neveux s'écrient en chœur :

« O Toulon, c'est par toi que les oncles commencent ! »

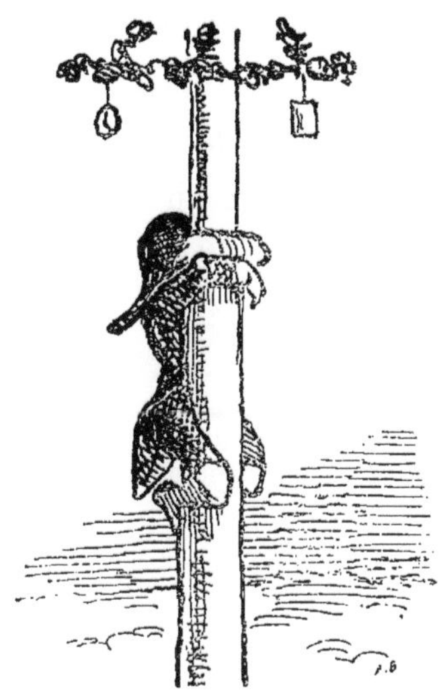

Un effroyable et unique coup de tonnerre déchira tout à coup la nue. De radieux et un peu pourpre qu'il était, Napolione devint pâle et tressaillit.

Le tonnerre impressionnait-il donc celui-là qui entendait avec le plus grand calme mugir les puissantes voix de deux cents pièces de canon ? Non. Pâle il était devenu, parce qu'au moment où il venait de prononcer cette fière exclamation :

« O Toulon, c'est par toi que les oncles commencent ! »

la voix stridente et moqueuse de l'écho avait subitement répondu :

« Et que finissent les neveux ! »

Sombre et pensif, le capitaine rentra chez lui.

Ce ne fut que plus tard, bien tard, un soir qu'il dormait aux Invalides, qu'il eut la clé de ce mystère.

La grande ombre du vainqueur d'Austerlitz se souleva frémissante, le 4 septembre 1870, en entendant, parmi les mille voix du peuple qui bruissaient sur les bords de la Seine, la voix moqueuse et stridente qu'il avait entendue le 25 décembre 1793.

Cette même voix, celle de l'austère gracioso ci-dessous, disait :

« O Toulon, c'est par toi que les oncles commencent,
« Et que finissent les neveux ! »

CHAPITRE VI

Le 13 Vendémiaire et le 19 Ventose

NAPOLIONE, pour sa belle conduite au siége de Toulon, ne fut récompensé que le 6 février 1794, époque à laquelle il fut nommé général de brigade. Comme les petits mots entretiennent la gaieté, il écrivit à l'ami Commerson : « Mon cher Auguste, je suis » sur la route de l'avancement : *géné hier*, aujourd'hui je » suis *géné...ral!* »

Ce joli mot combla tellement de joie Royer-Collard et Chateaubriand qu'ils firent immédiatement vis-à-vis à Lafitte et à Le Guillois, et dessinèrent comme un seul homme le pas du Batracien-Pompette, et que Victor Hugo poussa un sourd rugissement dans les mollets de son paternel.

PRIME DU TAM-TAM

Pendant que ses rédacteurs dansaient, Commerson songeait à éditer le mot de Napolione dans le *Tam-Tam*.

La chose fut faite le lendemain.

Ce mot fit tellement prime que Béranger conseilla à Commerson d'en offrir *une* à ses abonnés.

Auguste courut aussitôt chez Nadar. Mais celui-ci, qui venait de s'attacher deux ballons à ses grandes jambes et un autre autour des reins, était absent. Il voguait dans les plaines de l'air.

Auguste lui laissa ces cinq lignes sur son bureau : « Mon
» trognon adoré, fais-moi au plus vite la charge de Napo-
» lione : quelque chose comme un énorme tricorne sur une

» tête de chou, deux culs d'artichauts pour épaulettes et un
» sabre long comme toi. Je tiens à ce que Napolione ait un
» vrai plumet. — Tibi ! Auguste. »

ORIGINE D'UN CÉLÈBRE DICTON

Sur le soir, Nadar daigna descendre des nuages.

L'épistole lue, *Plus lourd que l'air* se mit à la besogne.

Par malheur, il ne comprit pas à la lettre *celle* d'Auguste. Aussi le lendemain, le jour même du tirage, envoya-t-il bien à Commerson un bonhomme des plus réussis, étique comme une asperge de janvier, la tête engrenée dans un vaste tricorne surmonté d'un panache fantastique, et à cheval sur un grand sabre turc, où il paraissait zigzaguer comme un Trinquefort au pouvoir de son jeune homme.

Vous croyez peut-être que cela embarrassa Commerson ? Quelle erreur est la vôtre ! Rien n'embarrasse le maître.

En tête du *Tam-Tam*, Commerson flanqua le bonhomme de Nadar, et mit effrontément dessous cette légende sentimentale :

Émotion de Napolione en apprenant sa nomination de général de brigade.

Chacun s'écria :

Le général a son plumet !

Le mot est resté.

Qui resta bien quinaud ? Ce pauvre Nadar, à qui Commerson oublia obstinément de payer son magnifique dessin.

On s'écrasa tellement dans nos bureaux pour se procurer

cette charge écornifistibulante qu'Auguste s'empressa de

porter le prix de son abonnement à dix francs par an.

OU BÉRANGER PRÊTE 100,000 FRANCS A NAPOLIONE

Nommé général, Napolione dut se rendre à Nice.

Ayant en vain frappé à la porte de Commerson, Napolione s'adressa à Béranger, qui lui prêta généreusement 100,000 francs... en assignats.

Napolione fit une légère grimace. En effet, il eut toutes les peines du monde, la menace à la main et le poignard à la bouche, à s'acheter avec ses 100,000 francs pour quatre sous de tabac à priser.

Il ne restait qu'une ressource à notre jeune général pour se rendre à Nice. Napolione ne barguigna point. Il loua à crédit un *vélocipède*.

Deux heures après, il était à Nice.

C'est là qu'il fit la connaissance de Robespierre junior qui, devinant en Napolione un héros futur, chercha à s'en faire un ami. Pour se faire bien venir de lui, il lui offrit de le guérir de la gale.

UN CALEMBOUR CORNÉLIEN

A cet effet, Robespierre junior demanda à son collègue et ami, Ricord aîné, une drogue d'un effet sûr.

Quelques jours après, muni d'un rob antisyphilitique, il alla trouver Napolione, à qui il dit d'un ton vainqueur : Pige-moi ça!

Napolione prit la fiole des mains de Robespierre et la vida de confiance, mais à deux reprises. En effet, à peine eut-il absorbé la moitié de cet horrible breuvage qu'il s'écria, en se tournant vers Robespierre junior : *Quel rob est-ce, Pierre?*

Robespierre junior fut si heureux de ce jeu de mots qu'il offrit sur l'heure à Napolione la place d'Henriot. Or, Henriot n'était rien moins que commandant de Paris.

C'était tentant. Napolione demanda vingt-quatre heures pour réfléchir, tout juste le temps de demander son avis à Béranger, en faisant jouer le télégriphe électraque.

Béranger, en veine d'obliger, répondit : « Refuse! La » poire n'est pas blette! »

Aussi ne fût-ce qu'après le 1er prairial que Napolione revint à Paris,... toujours sur son vélocipède.

Démissionnaire, sur le pavé, sans le sou, Napolione eut la chance, le jour même de son arrivée, de rencontrer aux Tuileries le général Tilly, jurant comme un beau diable parce qu'il venait de perdre sa tabatière. Napolione le pria de puiser à indiscrétion dans la poche gauche de son gilet.

Une politesse en vaut une autre.

Le général Tilly prêta vingt-cinq louis à Napolione, qui s'empressa d'aller loger en garni rue des Fossés-Montmartre et dîner aux Frères-Provençaux où, en ce temps-là, on dînait assez bien pour un petit écu.

C'est chez le père Manaye que les vieux de la vieille se rappellent avoir vu souvent dîner ensemble Commerson, Béranger, Napolione et Talma.

Commerson ne parle jamais de ces petits dîners qu'avec émotion,... sans doute parce que les fameuses Georges et Duchesnois, Praline et Cachemoiça furent de ces petits soupers.

TALMA ET BLANCHE D'ISIGNY

Dans les Mémoires d'Auguste, vous lirez un jour qu'entre la poire et le fromage, Napolione jeta un soir le plan de la célèbre tragédie *Les Premières armes de Citrouillard*, laquelle Commerson se chargea d'écrire en vers et Talma de jouer aux Français avec Blanche d'Isigny.

Si cette tragédie n'a jamais vu le jour, c'est qu'à la mort

de Talma, Commerson n'en avait encore écrit que ce distique demeuré justement fameux, et qui faisait se pâmer d'aise tous les auditeurs, lorsque le célèbre tragédien, prenant Blanche par la taille et ouvrant ses écluses, s'écriait tout d'abord *con amore* et ensuite *forte :*

Aglaé, perdons-nous dans les bois de Versaille !
Versaille est là sans *s* afin que le vers aille !

Si Napolione n'a pas plus tard décoré Talma, ce n'est pas, comme l'a prétendu comiquement Jacquo de Saint-Hilaire, qu'il ait été retenu par un sentiment exquis des convenances, mais uniquement parce qu'il attendait tous les jours que

Commerson eût perpétré et Talma joué cette tragédie dont l'ogre de Corse fut le premier père.

Malgré l'irritation que la nouvelle suivante va causer aux populations et au *Rappel*, je dois avertir mes concitoyens que cette œuvre éminente ne sera jamais terminée, Victor Hugo, contre une rente bien sentie, ayant obtenu de Commerson que *Les Premières armes de Citrouillard* ne seraient jamais achevées.

VENDÉMIAIRE

Cependant, las de former cent projets sur l'Orient et de s'endormir tous les soirs en rêvant odalisques, Napolione, le soir du 12 vendémiaire, se rendit aux tribunes publiques de la Convention.

Les sectionnaires de Paris et la Convention se chamaillant, l'Assemblée cherchait justement un général.

Comme Napolione entrait, Barras se fourrait son monocle dans l'œil. Il aperçut le général : « Lui ! s'écria-t-il, lui !... Sauvés !... Merci, mon Dieu !...

Cette courte prière terminée, Barras fit : « Pssstt ! pssstt ! »

Comprenant que Barras appelait un bon chien de chasse, Napolione s'approcha.

Aussitôt Barras le harponne et lui dit :

> Si tu sais monter à cheval,
> Petit, t'es notre général !

Maigre, défait, mal vêtu, mal poudré, à son dernier louis, Napolione s'écria d'abord en prose, dans cette langue imagée dont il a emporté le secret : Eh bien, je suis rien veinard !

Puis il termina en vers :

> Me voici pour lors embauché
> Car je monte mieux que Bauché !

Et tout de suite, pour plaire à Barras, il envoya Commerson à la plaine des Sablons chercher quarante bonnes pièces d'artillerie.

Commerson, éprouvant aussitôt le besoin d'aller se faire plomber une dent, repassa la commission à Murat.

Joachim, intelligent, *amena* de quoi *emmener* ses canons, ce qui fit que, le lendemain 13 (5 octobre 1795), Napolione canonna les sectionnaires qui s'empressèrent de détaler des degrés de l'église Saint-Roch.

La Convention était sauvée.

Le 16, ne voyant rien venir, Napolione, sur les conseils de son bottier, va carrément frapper à la porte de la Convention, qui le fait général de division.

L'appétit vient en mangeant.

Napolione repassa le 26.

— Pan, pan !

On ne répond pas.

Il s'accroche au cordon de la sonnette : Drelindindin !

La Convention apparaît, une grosse épaulette dans la main, et nomme le carillonneur général en chef de l'armée de l'intérieur.

— Tu fois, lui dit son bottier, il ne s'achit que de safoir temanter! Les honteux seuls n'arrivent à rien!

UNE BONNE ACTION MAL RÉCOMPENSÉE

C'était trop de veine.

Un beau matin, la ravissante Joséphine, veuve du général de Beauharnais, vint remercier Napolione d'avoir rendu à son petit Eugène l'épée de M. de Beauharnais, son premier.

— Général, — lui dit-elle avec émotion et en lui lançant un regard fascinateur, trait d'amour qui va droit au cœur, —

général, votre conduite envers mon Eugène a été celle d'un homme qui a de ça!

— J'en ai, répondit modestement Napolione.

— J'aime ces gens-là, général, répliqua la belle visiteuse, vu que, moi aussi, j'ai de ça !

— Je le vois bien, soupira Napolione, fort ému à la vue des opulents appas peu gazés de la séduisante Joséphine, car alors on se déshabillait encore plus qu'aujourd'hui.

— Vous dites, balbutia la créole?

— Allez-vous quelquefois chez Barras, madame?

— Tous les soirs, j'y fais mon cent de piquet.

— Chosefine, chirai che choir à Chaillot!

— J'y serai, monseigneur.

Dans la rue, elle dit : Il m'a parla auvergnat! Il m'aime!... Je l'a pinça!

Elle ne se trompait pas.

Elle l'avait pincé..., si bien pincé que le 19 ventôse (16 mars 1796), un vendredi, Napolione devint le second de Joséphine, à la grande joie de Barras.

Quand Napolione commit la boulette de se marier, il avait vingt-sept ans. Majeur, il était sans excuse.

C'est pourquoi, furieux de n'avoir pas été invité au repas, Commerson s'écria avec un méchant sourire : Napolione se marie!... j'avais toujours dit que ce jeune homme ferait quelque chose pour ses amis!

Ses amis feront quelque chose pour lui!

CHAPITRE VII

Première campagne d'Italie

Dans la corbeille de noce de Joséphine, Napolione trouva le brevet de commandant en chef de l'armée d'Italie.

— Décidément, dit-il, on n'arrive que par les femmes!... Commerson, ayant eu vent de ce propos, s'acheta aussitôt un faux-col et dit à Le Guillois : Marquis, je vais faire de l'œil à madame Tallien!

LE MARRONNIER DU 20 MARS

Le 20 mars, dans la matinée, deux hommes, deux illustrations, se croisèrent dans la grande allée des Tuileries. L'un était Napolione, l'autre Monsieur Trognon.

A la vue du nez de M. Trognon, nez pharamineux, nez truculent, nez silénien, nez sur lequel Bacchus semblait s'être complu à dessiner ses plus capricieuses et ses plus fulgurantes arabesques, le marronnier tressaillit : il devint vert de jalousie.

Envahi par une noble ambition, il travailla tant, qu'à midi il bourgeonna et qu'à cinq heures précises il eut des feuilles.

Les badauds s'extasièrent. Le marronnier ayant gardé son secret, ils s'écrièrent, en apprenant le lendemain le départ de Napolione pour Nice, que le marronnier avait prédit ce grand événement.

Depuis ce temps, tous les 20 mars, la foule se porte aux Tuileries pour voir si le marronnier bourgeonne. Si le marronnier accouche, tout le monde quitte le jardin en disant : Seigneur, que va-t-il arriver? le marronnier trognonne !

LA PREMIÈRE PROCLAMATION D'UN COMMUNEUX

Après avoir acheté la Malmaison, où il confina sa tendre moitié, Napolione partit pour Nice, où il arriva le 27.

Au lieu d'y trouver une armée de soixante mille hommes

et au moins cent pièces d'artillerie, Napolione n'y rencontra que trente pièces de canon et trente mille hommes sans argent, sans vivres, sans habits, sans souliers.

Comme il n'apportait rien à ses soldats, ceux-ci accueillirent leur nouveau général par des grognements.

Napolione se tira d'affaire par un speech, ce qui, en anglais, s'appelle proclémécheune.

Après avoir mis ses trente mille hommes en rond, ce qui faisait un joli rond, il se plaça au milieu d'eux et leur dit : Soldats! vous êtes tous mal payés, mal vêtus, mal bottés, mal nourris!...

— Pardon, mon général, dit un loustic, mais nous ne sommes pas vêtus du tout.

— Un bon sans-culotte, répondit Buonaparte, a tout au plus droit à une feuille de vigne! L'honnête homme n'a que sa parole!...

— Nous marchons pieds nus, ajouta un autre.

— T'appelles-tu Bastien, demanda Napolione d'une voix vibrante ?

— Non!

— Tu n'as donc pas droit à une paire de bottes!

— Nous crevons de faim, dit hardiment Pitou.

— Serrez les boucles, commanda Napolione!

Puis, fixant un œil d'aigle sur tous ces braves, il fit le tour du cercle en tirant une oreille par-ci, une moustache par là, après quoi, d'une voix de stentor :

Enfants, dit-il, suivez-moi! Je vais vous conduire dans les

plaines les plus fertiles du monde! De riches provinces seront en votre pouvoir; vous y trouverez honneur, gloire et richesses! Il n'y aura qu'à se baisser pour en prendre. Les oranges y poussent à indiscrétion et les veaux y naissent aux carottes! Et les femmes donc! Une seule femme de ce pays-là, ça vaut dix Parisiennes de la Villette! A leur vue, vous vous écrierez tous comme un seul homme : p, h, a, fa, fameux!

— Vive Napolione, fit aussitôt Junot!

— Vive Napolione, répétèrent les soldats électrisés!

Seul, un homme, taillé dans le granit, blâma le général. Commerson écrivit le lendemain à Napolione :

Tu n'es qu'un communeux!

Se souvenant que, monté sur Bon-Vinaigre, Annibal avait

jadis franchi les Alpes, Napolione, après avoir vaincu les Autrichiens à Montenotte, à Millesimo et à Dego, arriva sur les hauteurs de Monte-Zemolo, où il dit à ses soldats : Annibal a franchi les Alpes; nous, malins, nous les avons tournées!

UNE SALVE D'ARTILLERIE

De tout temps les sages ont dit qu'avec des paroles on menait les hommes. Les sages ont eu raison.

Enlevée par la platine de Napolione, l'armée suivit son général avec enthousiasme.

Profitant de la bonne humeur des soldats, Napolione ne

leur laisse pas une minute de répit. Il commande : « En avant ! » et tous marchent.

La venette commençait à gagner les Autrichiens, quand ils apprirent que, mal vêtus et mal nourris, nos braves commençaient à être en proie à une diarrhée inquiétante.

Les Autrichiens respirèrent et bientôt ils donnèrent un libre cours à leur joie.

Les nôtres, ayant la colique, se retinrent et rongèrent leur frein. Du reste, ils étaient si sévèrement surveillés que personne ne pouvait quitter les rangs.

Aussi est-il aisé de se figurer leur joie quand ils arrivèrent sur les bords du Pô.

— Le général connaît nos besoins, s'écrièrent-ils ! Vive le général !

Leur joie fut de courte durée.

En effet, les Autrichiens, qui occupaient la rive gauche, les canardèrent sans façon.

Irrités, nos guerriers s'élancent, masquent le passage, longent la rive, arrivent à Plaisance et, à leur tour, tombent sur les derrières des Autrichiens, à qui ils prennent en une heure leurs canons et deux mille cinq cents hommes.

— Rompez les rangs, s'écrie Napolione ! Les Autrichiens vous cèdent le Pô !

Un tableau du grand David nous a représenté l'ivresse plantureuse de tous nos braves s'éparpillant immédiatement et faisant éclater leur joie sur les bords du fleuve.

En 1815, les Autrichiens ont emporté ce tableau, mais

Paul Bernay, notre bien-aimé collaborateur, en a été faire une copie à Vienne pour réjouir nos lecteurs.

POURQUOI NOS BRAVES MARCHÈRENT SUR LA TÊTE

Le soir, à souper, Napolione fit servir à toute l'armée un gigantesque haricot de mouton et abreuva ces soldats de cette seconde proclamation :

« Soldats, en 15 jours vous avez pris 21 drapeaux, plu-
» sieurs places fortes, quinze mille hommes et cinquante
» *canons!* C'est beau ! Jamais on ne parlera de vous qu'avec

» *ivresse*, de vous qui avez conquis le droit de marcher sur » la tête ! »

A ces mots, l'enthousiasme des soldats ne connut plus de bornes.

Ils chargèrent le sergent Dumanet d'embrasser Napolione au nom de toute l'armée.

ÉMEUTE A PARIS A LA SUITE D'UN CALEMBOUR

Le 10 mai, Napolione remonte à *cheval* et dit à *Lannes* : « A Lodi ! » et Lodi est enlevé !

Napolione s'empresse de faire part de cette bonne nouvelle à son ami Béranger. Béranger la communiqua à Commerson en lui disant qu'il avait une avance de quelques heures sur le gouvernement.

En froid avec Napolione, Commerson joua un tour assez canaille à son ami.

En tête du *Tam-Tam* du 11, il imprima sans vergogne la nouvelle suivante :

« *Nouvelles de l'armée d'Italie* :

« Napolione est arrivé à Cassel à trois heures du matin. A » neuf heures il a attaqué Beaulieu, *Elodie* est enlevée à dix » heures. »

Et il ajouta sournoisement : Était-ce bien le moment d'enlever Elodie?

C'était roide !

Aussi, quand parut l'affiche blanche du Directoire, les buonapartards furieux se portèrent-ils en colonnes serrées vers la rue du Bouloi, Ratapoil et Casmajou à leur tête.

Ratapoil parlant de saccager nos bureaux, la peur gagne Royer-Collard, et notre collaborateur pique une tête et disparaît dans la boîte du journal.

Le Guillois va pour plonger dans la fontaine... horreur! Chateaubriand l'occupe. Lafitte se réfugie dans d'autres lieux.

Tatillon et Montretout, Menich et Meusy, Béranger et moi, nous suivons crânement le Maître.

Le Maître fait un signe. Aussitôt, léger comme un ouistiti, Montretout décroche l'écriteau du *Tam-Tam*, et le suspend au premier étage de la maison qui fait face à la nôtre.

Il était temps.

Que dis-je? Il n'était que temps!

En effet, conduite par Casmajou et Rafapoil, la foule imbécile se rue comme un seul homme, un homme enragé, sur la propriété voisine, la saccage et la rase.

Elle ne se retire que lorsque Bé-Jouvin, après avoir semé du sel sur le terrain, y a planté cet écriteau vengeur : Ici fut le *Tam-Tam*.

A peine les badingouins se sont-ils retirés que, fier du devoir accompli, Auguste rentre serein dans ses bureaux et prépare placidement la mise en pages du numéro du lendemain.

Tous, nous admirons le calme du Maître.

La chose terminée, toute la rédaction, sur la sage observation de Royer-Collard, juge prudent de se retirer pour quelques heures et, au besoin, pour quelques jours, au fond du puits de Grenelle, où elle attend assez anxieusement le ré-

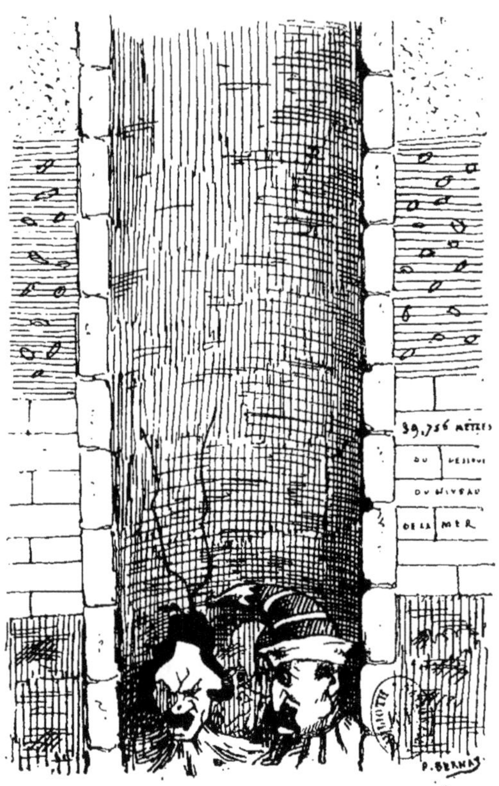

sultat de son premier-Paris ainsi conçu : « Buonapartards de » la veille et badingouins du lendemain, la maison que vous » avez émiettée appartenait à M. Rouher ! »

Le Parisiens ont toujours été les mêmes. Ils se mettent à rire comme des bossus et à crier : Vive Auguste !

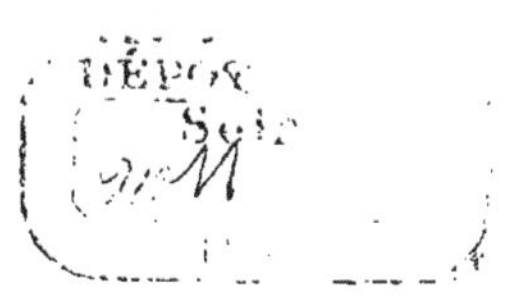

LES FOULARDS PATRIOTIQUES

Toujours prompt à exploiter sa popularité, Commerson, apprenant le lendemain que Napolione avait pris Milan, s'empressa de faire imprimer un million de foulards — mauvais teint — représentant à gauche Napolione à cheval entrant dans Milan, et Commerson à droite, lui disant avec sentiment : Jeune homme, hier tu avais vingt-sept ans, aujourd'hui tu as mille ans !

L'enthousiasme de la foule monte à deux épaulettes à graine d'épinards, c'est-à-dire non moins général que Napolione. On s'arrache nos foulards à vingt-neuf sous.

De l'enthousiasme, on passe bientôt à l'attendrissement.

C'était là que Commerson attendait la multitude.

Les larmes coulent. Naturellement, on se mouche.

Tableau ! L'image déteint et les acheteurs se trouvent avoir un Napolione sur la narine gauche et un Commerson sur la narine droite.

On trépigne sur toute la ligne.

Le délire est à son comble.

On porte Auguste en triomphe.

Auguste ne perd pas le nord, il crie aux vendeurs : Ne donnez plus de foulards qu'à trente-cinq sous !

Sur ce, le Directoire passe.

On le somme d'offrir une part du gouvernement à Commerson. Sieyès s'exécute, mais Auguste lui fait cette fière réponse qu'admireront nos neveux :

Dictateur ne puis,
Directeur ne daigne,
Et Commerson suis !

A ce moment, la voix harmonieuse d'une céleste et splendide créature se fait entendre.

Elle murmure avec prière : Auguste!

Commerson se retourne, pâlit, chancelle et s'*inanime* en reconnaissant la belle des belles, la rivale d'Astarté, la célèbre madame Tallien.

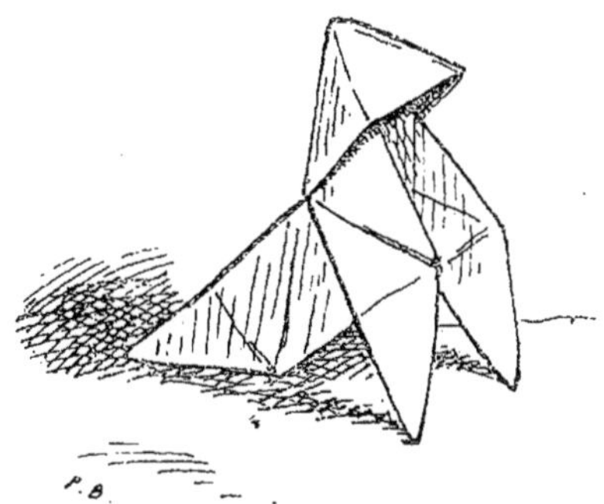

Dépitée, madame Tallien s'éloigna en disant : Merci! en voilà un qui fait sa rosière!...

Commerson revint à lui comme deux heures sonnaient au beffroi du château.

Il pleuvait à verse.

CHAPITRE VIII

Incidents et accidents de la première campagne d'Italie

CEPENDANT Napolione célébrait avec éclat et ses victoires et sa conquête.

NOS GRANDS ARTISTES EN ITALIE

Jaloux de plaire aux Milanais, il fit venir de Paris Talma et mademoiselle Georges, Hamburger et Blanche d'Isigny avec madame Saqui.

Un jour, mademoiselle Georges et Talma jouaient le beau Pâris et la belle Hélène, le lendemain Blanche d'Isigny et Hamburger jouaient le Cid et Chimène.

Dans les intermèdes, madame Saqui avalait des sabres et des étoupes enflammées et dansait sur la corde raide sans balancer et sans balancier.

Jamais, au grand jamais, les Milanais ne s'étaient trouvés à pareilles fêtes.

Et les Milanaises!

Pauvres Milanaises!

Elles s'éprirent toutes d'Hamburger qui, intrépide chercheur et oseur audacieux, se fit un beau soir une tête de Britannicus telle qu'on n'en a jamais rêvé de pareille.

Le célèbre tragédien fut couvert de bravos et de fleurs.

Pour nous, nous croyons que la fière vitelotte, qu'aujourd'hui encore l'inimitable artiste porte si élégamment au milieu du visage, fascina toutes les belles.

Toutes voulurent savoir si cette trompe était un trompe-l'œil. Hamburger fit honneur à la France. Il sortit vainqueur de toutes les épreuves. C'est pourquoi, depuis sa campagne de Milan, on ne l'appelle plus qu'Hamburger-Trompe-d'Acier.

Mais, hélas! comme il est devenu diaphane!

Le succès de Blanche d'Isigny ne fut pas moins vif. Les Milanais trouvèrent que la belle était un vrai beurre, et que jamais on n'avait vu de Chimène aussi pourrie de chic.

LA ROSE ET LES ÉPINES

Le 15 au soir, à la Scala, la comtesse de Chiaramonte, assise dans sa loge entre le roi de Sardaigne et Napolione, ne cessa de piétiner le pied gauche du général. A la sortie, la belle comtesse, une fière femme, appétissante et pas bégueule, et qui baragouinait le français comme trois Espagnoles, s'empressa de perdre le roi dans les couloirs, après quoi elle dit effrontément à Napolione en proie à une émotion facile à comprendre : Prenez garde, général, tu m'écrases mon cor!

Napolione, oubliant complétement qu'il était marié ou trouvant que Joséphine avait été dans son tort en consentant à rester loin de son époux à la Malmaison, Napolione jeta sur la Chiaramonte un regard chargé de flammes et riposta :

Comtesse, pardonnez-moi cet oubli chorégraphique; mais c'est que j'ai mille choses suaves à vous souffler dans le tube!

Elle répliqua, en lui donnant un petit coup d'éventail et en zézayant amoureusement : Zénéral, il pleut!

Justement un d'Orléans sans ouvrage passait et criait : Parapluies! parapluies! Arrrrrrchand de parapluies!

Napolione hèla le marchand de pépins et, se fendant de cinquante sous pour sauver la situation, il acheta un riflard pour abriter son ange.

Ils firent quelque vingt pas en silence et se trouvèrent devant un Brébant milanais.

La Chiaramonte serra tendrement le bras de Napolione.

Comme le général n'osait dire à la belle : Je serais heureux de vous offrir un macaroni aux truffes, la Chiaramonte, l'œil énamouré et la bouche en cœur, perdit patience et dit à voix basse : Regardez donc, zénéral, on dirait que c'est zun restaurant... ousqu'il y a des cabinets particuliers!

Le Buonaparte ne répondant que par un silence plus éloquent que mille tendres paroles, la Chiaramonte se mit son adorateur sur le bras et entra prestement chez le Brebantino de l'endroit.

Quelques secondes s'écoulèrent et la comtesse pénétra au 3

Elle déposa Napolione sur le divan, ferma son riflard et :

Mon mignon, lui dit-elle, voici la carte, commande le menu !

Elle dit, s'assit sur un pouf et le lorgna avec une certaine crânerie.

— Potage aux bisques dit! Napolione.

— Écrevisses bordelaises! ajouta la dame.

— Perdreaux truffés!

— Sorbets au gingembre!

— Quel vin ? demanda Exupère, le garrrçon de cabinet.

— Quel vin, mon ange?

— Du champ... tout le temps!

Exupère partit avec le menu.

Cinq minutes après, quand il se présenta au 3 avec le po-

tage et les écrevisses à la bordelaise, Exupère rencontra une sérieuse résistance.

— Déjà au verrou, s'écria-t-il !

En garçon bien appris, il s'éloigna froidement. En suçant une écrevisse, il dit : Les hors-d'œuvre excitent l'appétit.

Nous pourrions rapporter à nos lecteurs, depuis A jusqu'à Z, l'entretien intéressant qui eut lieu entre la Chiaramonte et Napolione, mais nous ne sommes pas un Suétone doublé de Piron, nous. Nous sommes un Tite-Live Éliacin. C'est pourquoi, amateur du résultat des faits et non des faits, nous nous bornerons à dire que lorsque Exupère pénétra dans le cabinet de nos soupeurs, Napolione, l'œil injecté de poésie, disait tendrement à la Chiaramonte : Comtesse, laisse-moi t'appeler Pichenette !

Hélas! quelle rose n'a pas d'épines?

Une fois seul dans sa chambre, Napolione, en songeant au coup de canif qu'il venait de donner dans son contrat, se coucha bourrelé de remords.

Il rêva de Joséphine... de Joséphine qui filait de la laine à la Malmaison.

Le lendemain matin de sa frasque avec la Chiaramonte, ses regrets furent si... cuisants, qu'il accorda un congé de neuf jours à son armée.

Il le fââââllait!

Sa douleur d'avoir trompé Joséphine fut si vive, dit Commerson dans ses Mémoires, qui ne seront publiés par Madre que le 1er janvier 1900, que pendant neuf jours le général ne reçut personne... personne que son médecin.

Pour charmer ses loisirs, il accorda sa lyre et pondit cette élucubration qui n'a jamais vu le jour et dont nous donnons la primeur à nos bien-aimés lecteurs.

Il n'existe dans aucune langue rien d'aussi ruisselant d'inouïsme, rien d'aussi déchirant.

La chose s'appelait :

Les Regrets de Roland

I

Loin de ma splendide créole,
Quand je pense qu'à tous moments
Ma longue absence la désole,
Qu'elle me garde ses serments...
Amis, je me console!

Mais quand je songe qu'un beau soir
J'ai mené conduite si folle
Qu'aujourd'hui chacun peut savoir
Que j'ai... forfait à ma parole...
Amis, je me désole!

Envahi par l'inspiration, Napolione s'introduisit dans son mirliton et continua ainsi :

II

Quand les yeux d'une belle fille
Aux beaux seins nus, un vrai velours,
Dardent sur moi sous la charmille,
Tout d'abord, amis, et toujours,
Ma foi, ça m'émoustille !

Mais lorsque je songe au cadeau
Que souvent sainte Mousseline
Réserve au pauvre jouvenceau...
En voyant l'état de ma mine,
Amis, ça me chagrine !

Une fois que le lyrisme s'empare d'un poëte, ce poëte tourne fatalement au gâteux.

La preuve, c'est que Napolione, ouvrant une troisième fois le robinet de son Hippocrène, laissa aller sous lui ce troisième couplet, à tort attribué à Olympio :

III

Lorsque, priseurs de fille accorte,
Nous assiégeons une beauté
Dont un soir nous forçons la porte
Avec trop de facilité,
Amis, ça nous transporte!

Mais quand arrive le moment
Où, chez la folle libertine,
Sous la rose tardivement
Nous découvrons tous une épine,
Amis, ça nous bassine!

PORTRAIT DES PREMIERS MEMBRES DU DIRECTOIRE

En attendant le 24 mai, date de la guérison de Napolione, allons faire un tour à Paris.

Le matin de son entrée à Milan, Napolione avait envoyé Joachim Murat à Paris porter au Directoire les drapeaux pris aux Autrichiens.

Joachim partit en diligence et à cheval.

A son arrivée à Paris, il se trouva fort embarrassé.

C'est que notre Joachim était un bien bel homme, mais pas du tout Richelieu.

En effet, fils d'un petit mastroquet de la Bastide, Murat était peu fait aux belles manières.

Il eut l'heureuse idée d'aller demander quelques leçons de maintien à Commerson. Cet homme généreux poussa la bienveillance jusqu'à accompagner l'aide-de-camp de son ami jusqu'au palais du Luxembourg.

En entrant dans la salle de réception, Commerson dit irrévérencieusement, mais tout bas, à Joachim :

— Mon fils, ces cinq bonshommes que tu vois là-bas dans le fond, vêtus du manteau de François Ier, chamarrés de dentelles et coiffés du chapeau à la Henri IV, ce sont nos cinq rois.

Celui-là, dont la figure semble un bouchon fixé sur deux épingles, c'est Laréveillère-Lepaux, le botanophile.

Celui-ci, qui a la tête en triangle et un pantalon de soie lie de vin, c'est Rewbell.

Ce paratonnerre surmonté d'une pomme cuite, c'est Letourneur, et ce gros rubicond à la face réjouie, c'est l'homme du *Siècle*, c'est Carnot, l'organisateur de la victoire.

Ce dernier, si coquet, si rose, si mignon, si pomponné, huilé comme un anchois, entouré de nombreuses cocottes, et si bien sanglé dans sa culotte qu'il ne saurait se baisser même pour ramasser un regard de madame Tallien, sans la crainte fondée de faire craquer son inexprimable, ce qui fait dire à tout le monde : « Tu sais qu'on le voit ! » C'est Barras !

— Et quelle est cette dame, demanda Joachim ?

— Cette cocotte à gauche, si décolletée et si légèrement

vêtue que Chateaubriand, ou Simon, écrira un jour dans ses *Mémoires* qu'elle portait une tunique de gaze et un pantalon de soie collant, si fin qu'on voyait le Luxembourg à travers, c'est madame Tallien.

— Et cette perle de beauté qui est à droite, interrogea de nouveau Murat?

— Celle-ci, c'est Joséphine... le crampon de ton général!

Un officieux interrompit leur conversation, en annonçant :

— Joachim Murat, l'envoyé de Buonaparte!

Murat lâche son guide et s'élance vers les membres du Directoire.

Pendant que tous les regards se portent sur Joachim, Commerson rampe sournoisement aux pieds de madame Tallien et lui baise avec un frénétique respect l'orteil gauche.

Murat fend la foule.

La musique joue et Laïs chante cet air célèbre qu'improvise Offenbach Major :

C'est le beau Murat qui s'avance,
Rat qui s'avance! (*bis*)

Des applaudissements furieux éclatent de tous côtés.

Commerson en profite pour dire tout bas à madame Tallien :

— Ce soir, six heures, chez la rôtisseuse!

Madame Tallien baisse les yeux et répond pudiquement :

— Grand lâche, j'y serai!

UNE PAGE DES MÉMOIRES INTIMES D'UN BON VIEILLARD

Une fois que Murat eut remis ses drapeaux entre les mains du Directoire, il propose à Commerson de l'emmener avec lui à Milan.

— Impossible, cher, répondit Auguste, j'ai une affaire d'honneur pour ce soir, six heures!

Murat sourit, sauta sur son Franc-Tireur, et, piquant des deux, vola sur Milan.

Comme Auguste saluait Joachim de la main, une femme — un astre — apparut à la grille du Luxembourg.

Commerson l'aperçut et eut un coup de soleil.

Malgré son éblouissement, notre galant ne perdit pas le nord.

Il ne laissa pas le temps à la belle de hêler un fiacre.

Sur un signe de lui, un sapin s'avança.

Ce sapin était conduit par le cocher fidèle dont Bernay a buriné les traits.

Gracieusement, Auguste ouvre la portière.

Fleur-de-Candeur monte.

Derrière elle, Auguste s'élance. La belle pousse un cri et s'évanouit en entendant son commensal crier à l'automédon :

— A l'heure et au pas!... Barrière de la Chopinette!

Faire revenir une femme est chose assez délicate.

Aussi, comprenons-nous aisément qu'Auguste ait immédiatement baissé les stores.

Il en résulta qu'à la hauteur du *canal*, un gamin — cet âge est sans pitié — s'écria tout à coup :

— Ohé! Colignon... Lève les stores ou je défonce ta boîte!

Un coup de fouet empêcha le gamin de mettre sa menace à exécution.

Lorsque Commerson a bu deux doigts de champagne, le bon vieillard, si on le pousse dans ses derniers retranchements, se laisse aller, en humant quelques grains de tabac d'Espagne, à vous dire avec cette grâce qui n'appartient qu'au Vidame du Raincy :

— Par la sambleu ! si le propos du Gavroche me fit rire... je dois convenir qu'il émut quelque peu la jolie Thérèse !!!

Le 24 mai 1796, neuf jours après son accident, Napolione quittait Milan. Quelques heures après son départ, le tocsin sonnait dans toute la Lombardie, et les moines, le poignard d'une main, le crucifix de l'autre, excitaient à la révolte et provoquaient l'assassinat.

Charmants, ces bons moines !...

CHAPITRE IX

Fin de la première campagne d'Italie

NAPOLIONE revint aussitôt sur ses pas.

Son entourage étant inquiet et se livrant à des potins qui pouvaient démoraliser l'armée, le jeune général en chef commanda tout à coup une halte et dit à ses soldats :

« Enfants, trempez tranquillement votre soupe!... Je vais vous faire voir tout à l'heure comme c'est simple d'apaiser un soulèvement suscité par des moines. »

LE GÉNÉRAL ET L'ARCHEVÊQUE

Dix minutes après ce discours, nous rentrions dans Milan, et Napolione envoyait un bon gendarme sonner respectueusement à l'archevêché.

Le prélat dut suivre Pandore au quartier général.

— Monseigneur, dit pieusement Buonaparte à l'archevêque, vous répondez sur votre tête de la tranquillité publique ! Si, dans un quart d'heure, vos moines n'ont pas fini de brailler, vous pourrez *remercier votre boulanger !*

— Vous oseriez me faire fusiller ? balbutia le prélat, pâle comme un beau soir d'automne.

— Oh ! monseigneur... si peu !...

L'archevêque comprit à demi-mot, et s'empressa de retourner à l'archevêché.

Deux minutes après la réapparition de monseigneur, une nuée de bedeaux crevait dans tous les carrefours, dans toutes les rues, sur toutes les places publiques, où, rien que sur un signe de ces âmes pieuses, les moines, changeant de ton plus facilement que de chemise, se mirent subitement à prêcher l'amour des Français en général et de Buonaparte en particulier.

Bref, une heure après, le calme régnait dans Milan, et les bons moines étaient tous occupés à fabriquer la liqueur que le public avale généralement avec plus de plaisir que les bons pères ne digérèrent le procédé un peu cavalier de Napolione.

Quand des journaux antibuonapartards, comme *le Pays* et *la Patrie*, se permettent de blâmer cette conduite de Napolione, Commerson s'empresse toujours de tartiner deux colonnes à l'adresse des rédacteurs en chef de ces malheureuses feuilles, et cherche à leur démontrer courtoisement que dans ce temps-là Buonaparte n'avait pas encore rétabli le culte catholique en France.

Et, généralement, la noble triade, bras dessus, bras dessous, va sentimentalement au café de la Paix boire un petit bordeaux à la santé du grand Déboulonné.

Commerson a toujours persisté dans cette affirmation que ça faisait beaucoup plus de bien que deux pouces de fer dans le ventre.

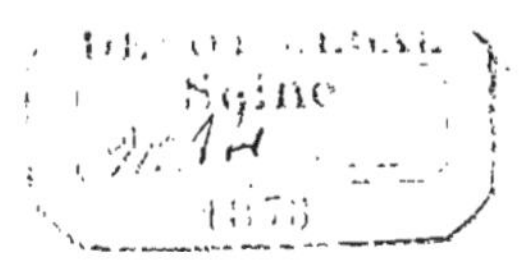

UN AMI DES LUMIÈRES

De Milan, Napolione se porta sur Pavie.

Pour prouver aux insurgés qu'on les a égarés et que, lui, il leur apporte la lumière, il fait mettre le feu au village de Binasco.

Subitement éclairé, l'évêque de Pavie, à son tour, vient demander grâce.

— Buono figlio mio, dit doucereusement l'évêque, vous seriez bien aimable de vous en tenir à l'incendie de Binasco et d'épargner Pavie!

— Mio buono padre, répondit Napolione en s'agenouillant, il n'est rien que je ne fasse pour vous obliger... mais donnez-moi votre bénédiction!

— Figlio mio, je vous bénis, vous et les vôtres!

— Amen! Qu'on éteigne les torches.

L'évêque, rassuré sur son palais, embrassa le général.

GROS-BEDON

Naturellement, l'évêque avait amené pas mal de son personnel avec lui.

— Mio padre, demanda Napolione, qui est ce gros bedon?

Et le général indiquait du doigt à l'évêque un gaillard non moins rubicond que pansu.

— Ce gros-là, dit l'évêque... c'est le chantre le plus terrible de la cathédrale. A chaque repas, et il en fait quatre par jour, le compère boit vingt-quatre pintes de Marsala...

— Et mange-t-il aussi bien qu'il boit?

— Il dévore! A ce point que sa femme a dit un jour de lui : Ce n'est pas un chantre que mon mari, mais bien un chantre... rongeur!...

Quand on commet de ces mots-là, c'est qu'au fond on est un bon vivant. Napolione serra cordialement les mains de l'évêque et rentra gaiement sous sa tente.

LE CHOU COLOSSAL

Le 30 mai, après le passage du Mincio, Napolione se paya un bain.

Comme il était en train de se brosser avec vigueur, voilà qu'un détachement autrichien envahit tout à coup l'établissement où Napolione se livrait à ses ablutions.

Impossible de fuir.

Napolione va être pris. Cette glorieuse carrière va se terminer d'une façon piteuse. Déjà la porte du cabinet cède sous la crosse des fusils des kaiserlicks quand, son étoile inspirant le héros, Napolione plonge au fond de sa baignoire, ouvre la soupape et disparaît.

Supposez un Napolione obèse... il était fumé.

Fluet comme Virginie Déjazet, le futur Déboulonné fila par la soupape comme une lettre à la poste.

Il tomba dans un égout qui le déversa près d'un potager.

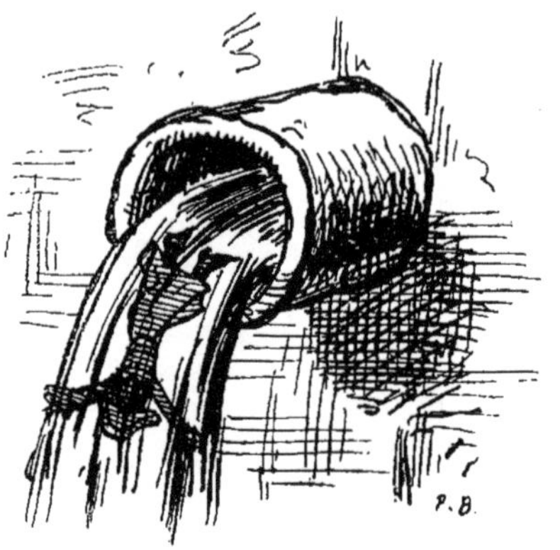

Nu comme un ver, et rampant comme l'animal dont il portait le costume indiscret, il gagna un carré où il se cacha et s'habilla sous les larges feuilles d'un légume appartenant à la famille des crucifères orthoplocées siliqueuses, légume que les imbéciles, comme vous et moi, appellent tout simplement un chou.

Une fois les Autrichiens disparus, Napolione s'empressa de cueillir le maître-chou qui l'avait généreusement abrité

et l'envoya à Commerson, avec prière de veiller pieusement sur celui qu'il appelait son second père.

Confiance mal placée !

Impudent comme toujours, comme toujours âpre au gain, Commerson raconta cette histoire dans le *Tam-Tam*, et la fit si bien mousser que, au prix de cinq francs le kilo, il vendit aux abonnés des Villemessant de l'époque, c'est-à-dire aux gens simples, la graine de ce chou sous le nom de *graine de chou colossal*, autrement dit : Graine de niais!

OU NAPOLIONE ENFONCE ROBERT-MACAIRE

Qui de nous ne se rappelle le prodigieux succès de l'*Auberge des Adrets* et les bravos qui accueillaient tous les soirs

et Frédérick-Lemaître et Serres à cette scène épique du drame où, au coin d'un bois, Robert-Macaire, ne reconnaissant pas Bertrand, l'arrêtait en lui disant : « La bourse ou la vie ! » Ce à quoi Bertrand répondait poliment : « Parbleu, monsieur, c'est précisément ce que j'allais avoir l'honneur de vous demander ! »

Jusqu'ici on avait cru que Benjamin Antier et Saint-Amand étaient les auteurs et de cette situation et de ces paroles.

Erreur ! tout appartient à Napolione.

En voici la preuve.

Après le succès de Lonato, une division autrichienne, dont on ne soupçonnait pas l'existence, cerna tout à coup la ville. Napolione et les cinq cents hommes qu'il avait seulement avec lui étaient perdus, quand un imbécile de parlementaire se présenta et dit à Buonaparte :

— Général, je viens vous sommer de vous rendre !

— Parbleu, monsieur, répondit effrontément l'autre, c'est précisément ce que j'allais avoir l'honneur de vous dire !

Napolione, de plus, a cet avantage sur Robert-Macaire que Robert-Macaire n'obtenait rien de Bertrand, tandis que lui, Napolione, grâce à son sang-froid, avec cinq cents hommes seulement, il fit prisonnière une division forte de cinq mille fantassins et de trois cents cavaliers.

C'est ce que Chateaubriand appelait en prose *avoir du galoubet*, et Lamartine, en vers, le *coup de la platine.*

UN MOT D'UNE VIEILLE BRISQUE

Le 5 août 1796, le soir de la bataille de Castiglione; un vieux sergent, un de ceux qu'on appela plus tard les grognards, proposa à ses camarades de faire passer sergent celui qu'ils appelaient alors et qu'ils n'appelèrent plus guère que le Petit Caporal.

Aussi, le soir de Roveredo, quand, mourant de soif et de faim, Napolione, pour la première fois peut-être, se plaignit de n'avoir rien à se mettre sous la creuse, fut-il bientôt réconforté par la voix d'une vieille brisque qui lui dit, en lui tapant sur la manche :

— Si tu as si faim que ça, petit crevé, mange tes sardines!

Ce qui, en 1805, valut au vieux brave la croix au camp de Boulogne.

NAPOLIONE A LA GRENOUILLÈRE

A Arcole, Napolione, se trouvant au milieu de quatre corps autrichiens, se décida à manœuvrer par le bas de l'Adige.

Après une feinte retraite, il ordonne à Augereau de passer l'Adige et de marcher ventre à terre sur Arcole.

Augereau obéit, mais trouve le pont bien barricadé et bien défendu par deux régiments de Croates. Notre avant-garde se replie : Lannes, Verdier, Bon et Verne s'élancent et tombent blessés.

Un drapeau à la main, Augereau se précipite, mais à son tour, il est ramené.

Ce voyant, Napolione s'élance en criant : Ah çà, les enfants, est-ce que vous n'êtes plus les lapins de Lodi?

Les grenadiers se ruent au pas de course : le feu de l'ennemi fait encore manquer cette attaque.

En voyant Lannes tomber pour la troisième fois, puis Vignolle, ensuite Muiron, enfin Elliot, nous battons en retraite.

Entraîné par ses troupes, Napolione, la tête la première, tombe dans un marais. Un grenadier le saisit à temps par sa culotte, l'enlève à bras tendu et dit :

— Tout le monde sur le pont! C'est pas l'heure de s'amuser à la Grenouillère!

Et Napolione, *à la suite de Belliard*, repousse l'ennemi et gagne enfin la rive où, le voyant tout dégouttant de vase, nos braves s'écrient :

— Victoire! Le crapaud est sauvé!

Si le mot n'existe pas dans le *Mémorial de Sainte-Hélène*, c'est uniquement parce que Las Cases n'a pas trouvé le terme assez académique.

LA SENTINELLE ENDORMIE

C'est dans la nuit qui suivit cette bataille que Napolione dit à un jeune soldat qui, accablé de fatigue, s'était endormi en faction : Mon fiston, rappelle-toi qu'on ne pionce pas sous les armes!

Après avoir remporté quelques autres victoires, Napolione attaque et prend Mantoue, bat l'archiduc Charles qui veut l'empêcher de passer le Tagliamento et entre à Venise.

A cette nouvelle, l'archiduc fait un nez... Regardez moi ça!

FEMMES DE SANG ET HOMMES DE FEU

Pendant que l'archiduc rengaîne sa trompe et se promet de prendre bientôt une revanche éclatante, nos soldats emboîtent leur général et, à sa suite et en chantant une barcarolle, entrent à Venise, empilés dans une gondole,

Petit bateau
Qui va sur l'eau.

Ils se bourrent de macaroni et font la cour, une cour des plus pressantes, aux belles filles de la reine de l'Adriatique.

Les Vénitiennes, des femmes de sang, ne tardent pas à correspondre à la flamme de Pitou et de Dumanet. Elles y correspondent même si bien que la discipline en souffre et que Napolione se demande avec terreur si, nouvel Annibal, il va s'endormir dans les délices de Capoue.

Le souvenir de la Chiaramonte le fait frémir.

En rêve, il voit ses grenadiers maudissant les Vénitiennes et jetant sur lui un regard de détresse.

Aussitôt il prend son parti :

— Enfants, dit-il, assez de Venise comme ça et en route pour Trieste !

Chose plus facile à dire qu'à faire.

Les Vénitiennes s'accrochent à nos braves.

Nos braves s'accrochent aux Vénitiennes.

On s'étreint, on s'embrasse, on jure de ne pas se quitter, de toujours manger le même parfait amour, de toujours filer le même macaroni.

Dans les grandes occasions, un bon général monte à cheval. C'est ce que fait Napolione.

Une fois à cheval, il empoigne chaque Dumanet par les basques de son habit et pique des deux.

Le bucéphale détale et sépare Dumanet de Theresa.

Moyen violent, mais sûr, que nous recommandons aux généraux dans l'embarras.

Maître de son armée, Napolione triomphe à Trévise, prend Trieste et daigne négocier à Léoben.

CE QU'UN DIPLOMATE PENSAIT DÉJA DE NAPOLIONE

Dans le premier article du traité, l'empereur d'Autriche, croyant nous être bien agréable, déclare qu'il reconnaît la République française.

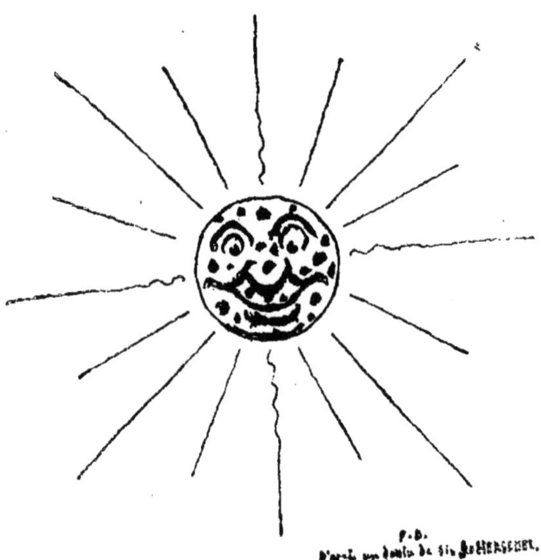

— *Rayez ce paragraphe*, s'écrie Napolione : *La République française est comme le soleil : aveugles, ceux que son éclat n'a pas frappés !*

Comme il prononçait ces paroles, Monsieur de Talleyrand se pencha vers le prince de Schwarzemberg et lui dit à l'oreille : Hein, prince, quel joli blagueur!

UN JOLI MOT DE LA CHIARAMONTE

En attendant la ratification du traité signé le 18 avril 1797, Napolione établit son quartier-général à Milan.

La Chiaramonte s'imagina que Napolione l'aimait toujours.

Elle demanda une audience qui lui fut refusée.

La dame alla à la promenade au-devant du général.

A l'aspect de cet ange, Napolione partit comme une flèche, au grand étonnement de la comtesse, laquelle s'écria : Eh bien, vrai, les bras me tombent!

Le 1er décembre, Napolione signa à Rastadt la convention secrète du traité, et, le 5, il était à Paris.

La première, notre rédaction fut informée du retour du jeune et illustre capitaine. Pendant la nuit, Béranger, à la tête de tous nos rédacteurs, remplaça tous les écriteaux qui

indiquaient aux passants le nom de la rue Chantereine, par d'autres pancartes portant ces mots : rue de la Victoire.

UN MOT ODIEUX DE CHATEAUBRIAND

— Flatteur, lui dit Napolione en lui pinçant l'oreille.

— Il a devancé la justice du peuple, répondit Chateaubriand !... Tu es plus grand que le fameux Génois qui fut plus grand que Cri !

— Que Cri ? crie Napolione qui ne comprend pas.

— Évidemment ! Le Génois en question fut plus grand que Cri, puisqu'on dit de lui : Cri... stophe Colomb !

A ce moment, un formidable coup de tonnerre déchira les nues. Le Dieu du ciel, Jupin en personne, saluait civilement ce mot d'un des dieux du *Tam-Tam*.

CHAPITRE X

Noces et Festins

Tout d'abord, Napolione vécut simplement rue de la Victoire.

BELLE CONDUITE DE JOSÉPHINE

Fière de son second, Joséphine quitta la Malmaison et revint habiter Paris où les affaires retenaient Napolione.

Pour plaire à son époux, qui aimait à vivre en bon bourgeois, Joséphine se fit un peu violence et essaya bravement de devenir une bonne femme de ménage, chose un peu difficile pour la belle créole qui avait des goûts aristocratiques.

Elle ne dédaigna pas de faire le marché.

Tous les matins, au lever de l'aurore, — Joséphine, deux paniers sous le bras, se rendait toute seule aux halles,

Elle s'aperçut bientôt que, en empêchant sa cuisinière de faire danser *les anses* du panier, elle apportait *l'aisance* chez elle.

Cela lui donna du courage.

Elle en fut un jour noblement récompensée.

Un matin qu'on voulut lui vendre des huîtres trop cher, elle demanda carrément à la marchande, passablement ahurie, si elle la prenait pour une moule.

Le mot eut tellement de succès qu'on acclama Joséphine et qu'on la porta en triomphe.

Aussi, à déjeuner, au comble de l'émotion, dit-elle, en

avalant sa première huître : Ami, ce mollusque est le plus beau mot de ma vie.

LES PETITS CADEAUX ENTRETIENNENT L'AMITIÉ

Quant à Napolione, il occupait ses loisirs en pêchant à la ligne.

Tant d'abnégation méritait une récompense. Le 7 décembre, notre général en disponibilité prit une vieille savate.

Après l'avoir consciencieusement fait sécher dans le four,

Napolione l'envoya à Béranger, à qui il écrivit audacieusement : C'est une des pantoufles du Dante!

Le lendemain matin, l'amant de Lisette alla voir M. de Talleyrand et lui demanda comment il pourrait bien reconnaître la politesse de Buonaparte.

— Allons faire un tour, répondit le boiteux.

Dans les champs, ils avisèrent une oie qui chantait.

— Voici mon affaire, s'écria Béranger!

Aussitôt il fit la chasse au volatile, l'attrapa et, malgré ses cris de douleur, il lui arracha une de ses plus belles plumes.

Le soir même, il la déposait chez le pipelet de Napolione

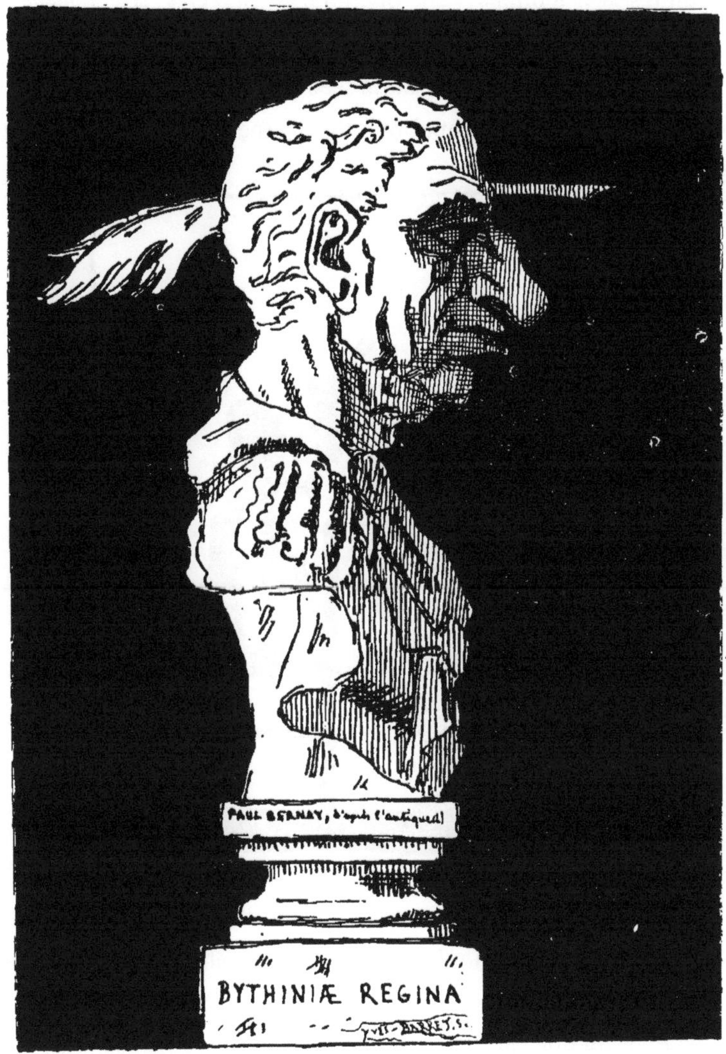

avec ce petit mot : Ami, je t'adresse la plume avec laquelle

Jules César, — la femme de tous les hommes et l'homme de toutes les femmes, dit Suétone, — a écrit ses *Commentaires.*

(Voir plume et savate au musée des souverains.)

Le soir même, Napolione ayant reçu de Talma une loge

grillée, grimpa, selon sa coutume, sur une chaise, pour pouvoir caresser le menton de Joséphine et dit à sa chère et tendre : Ma minette, vons-nous aux Français?

Bien qu'elle parlât très-bien notre langue, Joséphine ne voulant pas humilier son époux, lui répondit : Vons-y!

Les membres du Directoire étaient à l'orchestre.

A l'entrée de Buonaparte et de la générale, les cinq membres se levèrent et saluèrent courtoisement les nouveaux venus.

Talma, quoique déjà costumé, alla trouver le chef de cla-

que, à qui il paya un petit bordeaux et dit deux mots à l'oreille.

Il en résulta que Napolione, aussitôt qu'il se fut assis près de sa moitié, fut salué par les Romains du parterre d'une triple salve d'applaudissements : On te la fait à l'empire, lui dit Joséphine!

OÙ NAPOLIONE ENFONCE GUIGNOL

Le 10 décembre de cette bienheureuse année, le Directoire crut devoir offrir une fête au héros du jour.

Chacun s'étant fendu d'un petit speech, Napolione monta

sur l'estrade, ôta sa muselière et dit crânement entre autres choses que, si le peuple français, pour être libre, avait eu les rois à combattre, il avait été, lui Buonaparte, heureux *d'avoir été choisi par la Providence* pour aider ses compatriotes *à faire faire le plongeon à la royauté*.

Cette balançoire, débitée avec des gestes à la Polichinelle, eut un succès fou. On porta en triomphe Napolione-Guignol à sa place.

Puis on se mit à table.

IMPROVISATION DE LEBRUN

Lebrun, un fervent disciple de Panard, fut invité, au dessert, à pondre un distique en l'honneur de Napolione.

Le vieux gobelotteur, un peu ému, accoucha de ces deux vers, de quatorze pieds chacun :

Le peuple français ayant — un jour les rois à combattre,
Lâcha sur eux un héros — qui tout seul en valait quatre.

LES MAITRES DE LA CHARADE

Le 11, François de Neufchâteau invita à son tour Napolione à dîner. Jusqu'au café, tout se passa bien. Mais au mo-

ment où Buonaparte allait boire un verre de fine champagne,

voilà que Chateaubriand se leva brusquement et dit :

Mon premier vaut un matelot et un chat à qui ledit matelot a appris l'art nautique, car alors il est évident que le chat, tout aussi bien que le matelot son maître, ainsi que mon premier Na-vire!

Mon second vaut un porte-voix, puisqu'un capitaine de frégate, non moins qu'avec le susdit porte-voix, avec mon second Po-hêle!

Mon troisième est aussi doux qu'un agneau, puisque, comme un agneau, mon troisième Li-bêle!

Mon quatrième ne saurait mesurer moins de 120 centimètres, puisqu'on trouve dans cette vieille mesure Aune-un mètre vingt centimètres!

Et mon tout est le Petit Caporal : Na-po-li-one!

Un tonnerre de bravos tomba sur Chateaubriand.

Foudroyé, Napolione posa son verre sur la table.

Chateaubriand, altéré, le vida. Mais cette goinfrerie lui porta malheur.

Furieux, Napolione alla vers lui et lui dit brutalement et à brûle-pourpoint :

Je n'aime pas le rat, parce qu'il dit toujours à mon premier, son plus cruel ennemi : Entre-Chat!

Mon second ressemble à une jeune fille candide, puisque toujours Eau-Rougit.

Mon troisième est un diamant de la plus belle eau, puisqu'on dit de lui qu'il est Brillant.

Et mon tout sera l'auteur de René : Chateaubri*ll*and!

Les acclamations redoublèrent.

Les convives en profitèrent pour embrasser leurs voisines qui, affolées, n'opposèrent aucune résistance.

Au contraire.

Chateaubriand se jeta dans les bras de Napolione et Napolione dans les bras de Chateaubriand.

Mais, le lendemain, chaque convive, à jeun, put constater qu'il manquait à chacun de ces deux grands hommes un petit morceau de son appendice nasal.

Horreur! Ils avaient voulu se manger le nez.

Quant à David, le grand peintre, il fut tellement enthousiasmé, qu'il proposa à Napolione de lui faire son portrait.

— Citoyen général, lui dit-il, je vous peindrai l'épée à la main, sur un champ de bataille!

— Non, lui répondit Napolione, je veux être représenté *canari* sur un Bucéphale *rigolo mais pauvre.*

— J'y suis, répliqua David; tu veux qu'on dise de toi : Voyez comme il est *serein* sur un cheval *fou...gueux!*

Napolione pâlit.

Et pendant que les assistants poussaient un gémissement et tombaient sans connaissance les uns sur les autres, David,

quittant la salle du festin, montait dans un sapin et se rendait à son atelier où, ruisselant d'enthousiasme, il exécuta sa menace.

LA BELLE CORINNE

Les deux conseils législatifs, puis les ministres, invitèrent aussi Napolione à dîner.

Le jour où il alla festiner chez M. de Talleyrand, madame

de Staël dîna chez le pied-bot.

Jalouse d'être présentée au général, Corinne fit des agaceries à Commerson.

Toujours généreux, Auguste s'exécuta.

Il poussa même l'amabilité jusqu'à lui dire : Le général vous tendra peut-être la main... Mettez des gants !...

— Quoi ! s'écria Corinne, est-ce qu'il a encore la gale?...

— Heu ! heu !... on ne guérit jamais bien de ça !

Madame de Staël se ganta de son mieux.

A peine eut-elle été présentée à Napolione que :

— Général, lui demanda-t-elle brusquement, quelle est la femme que vous aimeriez le plus?

Depuis son accident avec la Chiaramonte, Buonaparte se défiait du sexe.

Il répondit brutalement : La mienne, madame !

— C'est tout simple, général, mais quelle est celle que vous estimeriez davantage?

Avez-vous remarqué que chaque fois qu'un homme, général ou maçon, roi ou chiffonnier, est embarrassé, cet homme tourne ses pouces.

Non ! Eh bien, faites cette remarque et vous reconnaîtrez comme nous écrivons consciencieusement l'histoire.

Embarrassé, Napolione tourna ses pouces?

— Eh bien, général? insista Corinne.

Napolione répondit : Celle, madame, qui ravauderait le mieux les chaussettes de son mari !

— Je conçois cela, général !... Mais enfin, quelle serait pour vous la première des femmes?

Cette fois, Napolione n'hésita pas.

Il jeta un clair regard sur la fille de Necker et répondit :

— La première des femmes, madame, a été, est et sera toujours pour moi celle qui a fait, qui fait et qui fera le plus d'enfants.

— Shocking ! s'écria Corinne courroucée.

— Parbleu, ajouta Commerson, avec des idées pareilles, tu aurais dû épouser la Mère Gigogne !

Madame de Staël récompensa Auguste d'un sourire et tourna dédaigneusement le dos à Buonaparte.

Napolione prit le bras d'Arnault, fit un tour dans les salons et dit : Cette femme ne sera jamais la maîtresse d'un homme, mais bien son maître !

Arnault opina du bonnet.

Au même moment, Corinne disait à Auguste :

— Votre petit général se croit déjà arrivé qu'il fait fi d'une femme qui aurait pu être pour lui un piédestal !

— C'est un niais, répondit galamment Commerson !... Pour moi, ajouta-t-il, en marchant légèrement sur le pied de sa belle interlocutrice, je suis de ceux qui seraient heureux de baiser le plus beau pied des Staël !

Il savait bien ce qu'il faisait, le lâche !

Corinne tomba évanouie dans ses bras.

Dame ! Il y a des calembours renversants.

Auguste, gentilhomme jusqu'au bout des ongles, versa le contenu d'une carafe dans le corsage de Corinne.

Corinne revint aussitôt à elle.

Elle jeta sur Auguste un regard mélancolique, s'éloigna à son bras, lui permit de la reconduire et, une fois en voiture, l'inonda de ces suaves paroles : Votre commerce m'est agréable, Auguste... Commerçons !

Ce fut au tour d'Auguste de tomber évanoui sur les coussins du fiacre de Corinne.

LE PUR DES PURS

Pendant ce temps, on dansait. Après une contredanse, Laïs chanta des couplets composés pour le héros de la fête.

Pour prouver son républicanisme, Napolione s'accorde sur une grosse caisse et riposte par cet impromptu :

Quand, au nom de la Liberté,
Je vois qu'un peuple entier se lève,
Et qu'au nom de l'Egalité
Bravement il tire son glaive,
Je me dis : O Fraternité,
Malgré la clique monarchique,
Tu règneras dans la cité
Tant que vivra la République!

— Vive la République! cria-t-on en chœur.

— C'est un pur, dit Arnault à M. de Talleyrand, en lui montrant Buonaparte!

Talleyrand sourit finement et répondit en diplomate : Vous en êtes un autre!

Tout le monde s'étant mis à rire, Arnault se fâcha et jeta sa carte à la figure du pied-bot.

M. de Talleyrand ayant prudemment oublié de ramasser la chose, l'affaire n'eut pas de suites.

UN STRAPONTIN VIDE A L'INSTITUT

Le 28 décembre, le bruit se répandit dans Paris que l'Institut avait à nommer un membre en remplacement de Carnot, soupçonné de royalisme.

Tout d'abord, nombre de candidats sollicitèrent les suffrages des trente-neuf citoyens qui dormaient en paix sous la cloche... pardon, sous la coupole de l'Institut.

L'opinion publique s'étant vertement prononcée, il ne resta bientôt que deux candidats en présence.

Mais quels candidats!...

Napolione et Commerson!

Ils allèrent frapper ensemble à la porte du temple.

Une première fois, ils revinrent bredouille. Les académiciens étaient sortis.

Une seconde fois, ils furent plus heureux et... Napolione fut élu.

Pour consoler Commerson, l'Académie lui vota un strapontin d'honneur, portant son nom et surmonté de ce vers :

Rien ne manque à sa gloire!... Il manquait à la nôtre!

Ce à quoi Auguste répondit par ceci :

Merci, messieurs! Croyez que je suis bien le vôtre!

PAUVRE PETITE CACHEMOIÇA!

Le 14 mai de l'année suivante, Napolione, à bord de l'*Orient*, quitta la rade de Toulon pour passer en Égypte.

— Mon minet, lui dit Cachemoiça, en l'embrassant!... Méfie-toi!... L'Égypte... ça grouille de chameaux!

— Tranquillise-toi, lui répondit tendrement Napolione, jour et nuit je rêverai de toi.

CHAPITRE XI

Expédition d'Égypte

ous les Parisiens, des marins finis, avaient déjà à cette époque, plus ou moins été en bateau de Paris à Saint-Cloud; d'aucuns avaient poussé jusqu'à Neuilly, les intrépides jusqu'à Asnières, et certains prétendaient avoir stopé à Chatou.

On appelait ces derniers les vieux loups de mer.

C'est pourquoi Paris s'intéressait énormément à l'expédition d'Égypte.

Mais, au bout de huit jours, les Parisiens, très-peu ferrés sur leur géographie, trouvèrent étonnant qu'on ne leur donnât pas quelques nouvelles de Napolione. Le plus célèbre

Malte-Brun de la capitale essaya en vain de leur faire comprendre qu'ils ne pouvaient raisonnablement exiger de nouvelles avant quinze jours ou trois semaines. Les Parisiens traitèrent irrévérencieusement le savant d'Arcadien et le coiffèrent d'un bonnet d'âne.

Après ce bel exploit, ils se tinrent huit jours tranquilles.

Huit et huit faisant seize, tout le monde se dit : Comment, au bout de quinze jours, pas de nouvelles ! Le Directoire nous la fait à la chicorée ! Le Directoire nous cache que la flotte a péri corps et biens et que Napolione a été dévoré par un marsouin.

Un malin émit une idée.

— Citoyens, dit-il, si ma mémoire est bonne, Napolione a emmené avec lui comme aide-de-camp un des rédacteurs du *Tam-Tam* !...

— Oui !... Béranger !

— Courons rue du Bouloi ! Il est impossible que Béranger ait laissé le *Tam-Tam* le bec dans l'eau !

— Courons !...

Et la foule de se ruer rue du Bouloi.

Cinq minutes après, une députation de trois cent mille hommes, sans compter les Auvergnats, envahissait la cour de la rue du Bouloi, en vociférant sur l'air connu des lampions :

Des-nou-velles ! (*bis*)

Commerson comprit qu'il y avait un bon coup à faire.

Il emprunta une paire de gants à Simon et parut tout à coup à la fenêtre.

Tout d'abord les délégués du populaire reculèrent avec respect, d'aucuns disent avec épouvante.

— Citoyens, leur dit effrontément Auguste en faisant de grands gestes, ce qui fit qu'un de ses gants tomba dans la cour, je devine ce qui vous amène!

— Maître, répondit un des délégués, en ramassant le gant et en le plaçant sur son cœur, nous voudrions avoir des nouvelles de Napolione et de Béranger!

— Comme ça se trouve, dit Auguste! Il n'y a pas un quart d'heure que Royer-Collard vient de recevoir une dépêche qu'il est en train de lire à Le Guillois!

Mes enfants, achetez tous le *Tam-Tam* demain et vous y lirez les nouvelles authentiques et renversantes de la flotte française et de mon ami Polione.

La foule se retira en poussant des cris d'allégresse.

PREMIER-PARIS ÉCORNIFISTIBULANT

Bien que, pas plus que Royer-Collard, il n'eût reçu aucune dépêche, Commerson eut le toupet de faire paraître le lendemain dans son journal les abracadabrantes nouvelles qui suivent :

« Vers la hauteur du cap Corse, la flotte française qui,
» sans songer à mal, fumait tranquillement sa pipe, a été
» subitement entourée par une nuée de crocodiles.

» D'où venaient ces amphibies ? Que nous voulaient-ils ?

» Ces fils du Nil, ayant appris, par des lettres d'Angle-
» terre, que nous avions la prétention d'aller nager dans
» leurs eaux, se sont bravement mis en route pour venir
» nous attaquer.

» Encore un coup des Anglais!

» A la vue de ces ennemis d'une nouvelle espèce, notre » flotte a eu un moment d'effroi, mais :

» — A pas peur, Napolione, s'est écrié Béranger, un de » nos plus grands naturalistes, je vais te montrer comment » on pêche ces homards-là!

» Ces mâles paroles rassurèrent la flotte.

» Béranger s'arme aussitôt de la ligne célèbre avec la- » quelle, tous les dimanches, il va se pêcher une bonne fri- » ture à Bougival.

» En guise d'asticot, il attacha un joli morceau de lard à » son hameçon, qu'il lança aussi adroitement que courageu- » sement à la tête du général en chef de l'armée ennemie, » Crocodilus XXVII.

» Surpris, Crocodilus a d'abord reniflé.

» Flairant un piége, l'Annibal des amphibies a fait des » façons, mais Béranger lui ayant jeté à la face cette san- » glante injure : Iras-tu, feignant?... Crocodilus furieux a » happé le morceau de lard.

» En même temps que Béranger, Napolione et la flotte ont » poussé un cri de triomphe.

» Béranger a ferré et, au bout d'un instant — un siècle, » — aux applaudissements de toute la flotte, il amène sur le » pont son ennemi terrifié.

» Est-il besoin de vous dire que les ennemis ont disparu » comme par enchantement?

» Béranger ne perd pas le nord. Il sait que Crocodilus est

» encore redoutable. C'est pourquoi, sans barguigner, il lui
» tranche la tête d'une balle de son fusil.

» Béranger a généreusement offert sa proie à Napolione,
» mais celui-ci ayant noblement refusé, Béranger a fait em-
» pailler son monarque.

» La chose faite, notre confrère, jaloux de plaire aux Pa-
» risiens en général et à nos lecteurs en particulier, a cru
» bien faire de nous expédier sa prise.

» Cette nuit, entre une heure sept et trois heures onze du
» matin, un pigeon-voyageur, jugez de notre ébahissement,
» nous a apporté ce colis avec une lettre.

» En attendant que nous offrions notre crocodile au Di-
» rectoire, nous informons nos concitoyens que nous mon-
» trerons notre animal en prime à tous les idiots qui justi-
» fieront d'un abonnement d'un an : se munir d'une pièce
» de vingt sous, à titre d'entrée. » — La Rédaction.

Le samedi suivant, Auguste avait fait une recette de 200,000 fr. qu'il perdit sottement le soir au loto.

Ne voulant pas rougir devant ses rédacteurs, Commerson parla de se brûler la cervelle, en se précipitant, la tête la première, du haut de la colonne de Juillet.

Comme elle n'était pas encore construite, il renonça à ce projet, Chateaubriand s'écriant : J'ai une idée!

Le grand homme se retira aussitôt dans son cabinet où il

accoucha de cette dernière et terrifiante nouvelle, qu'Auguste jeta le lendemain en pâture à la curiosité publique :

RENOUVELLES DE PLUS EN PLUS AUTHENTIQUES ET DE PLUS EN PLUS ÉCORNIFISTIBULANTES DE NAPOLIONÈ

« En vue de Malte, avant-hier matin, comme l'amiral » Brueys causait sur le pont avec Napolione et lui promettait » d'entrer le lendemain dans l'île de Malte, une bande de » harengs-saurs, qui nageaient au soleil et s'esbattaient à qui » mieux mieux, donna tout à coup des signes non équivoques » de la crainte la plus circonflexe, c'est-à-dire d'un effroi » très-accentué.

» Napolione et Brueys commençant à s'émouvoir, les ha- » rengs se mettent à détaler à toutes jambes et à s'éparpiller

» dans toutes les directions. Un d'eux, non moins saur que » les autres, mais plus pressé sans doute, fait un bond pro- » digieux et retombe aux pieds du général en chef.

» Le pauvre hareng avait une large blessure au flanc.

» Béranger, qui survient, affirme que cet intéressant aqua-
» tique a failli être la victime d'un cétacé et que ce cétacé
» doit être un requin. Le hareng, expirant, jette un regard
» attendri sur notre rédacteur. Une larme perle sous sa pau-
» pière, puis il pousse un soupir, qui est bien moins un sou-
» pir qu'une approbation.

» Tout le monde connaît le cœur de Béranger. Il s'empare
» du hareng qu'il étend délicatement sur le gril que lui pré-

» sente Napolione. Il fait plus. Il pleure ces quelques mots :
» Ami, je serai ton tombeau !

» Il dit, glisse sur une écorce d'orange et pique une tête
» dans l'Océan..., mais, en tombant, il a la présence d'es-
» prit de ramasser son hareng qu'il fourre précieusement
» dans sa poche.

» Heureuse inspiration !

» En vain ce cri sinistre : « *Un homme à la mer*, » retentit-
» il. Personne ne bouge.

» Ça se comprend.

» En effet, prompt comme la foudre, un requin, l'assassin
» présumé du hareng, un requin, qui suivait le vaisseau, ve-
» nait d'ouvrir le bec et d'engloutir notre bien-aimé Bé-
» ranger. »

Pardon, si la plume nous tombe des mains!

Toutefois, sachant ce que nous devons à nos abonnés, nous rengaînons nos larmes et, ramassant notre bonne plume d'oie, nous continuons notre récit palpitant :

« Fou de douleur et de rage, Napolione saute dans une
» chaloupe et va droit au requin qui, croyant qu'une nou-
» velle proie venait à lui, frétillait joyeusement de la
» queue.

» Une fois en face du requin qui le dévorait des yeux et *se*
» *passait la langue sur les lèvres,* Napolione, calme, mais
» des flammes dans les yeux, tire froidement de sa poche un
» numéro de journal.

» Il asticote le requin avec.

» L'animal, agacé, rugit, bondit et avale imprudemment
» la gazette.

» — Tu y es, s'écrie Napolione; amiral, harponnez!

» Le pauvre requin bat de l'aile; il se renverse sur le dos,
» se pâme et expire en murmurant : Ah! c'est affreux de
» mourir à la fleur de l'âge, abominablement empoisonné!

» Il disait vrai. Napolione l'avait foudroyé en lui faisant » avaler un numéro entier du *Fignaro*.

» Une fois le cétacé harponné, Napolione lui ouvrit le » flanc, désireux qu'il était de rendre les derniers devoirs » aux malheureux restes de notre cher collaborateur.

» Terre et cieux ! Quel aimable spectacle frappe la vue de » la flotte. Délicatement pelotonné près de la vessie du » squale, Béranger apparaît à nos yeux, intact, et écrivant » tranquillement le dernier couplet de sa chanson du *Requin* » *anthropophage*, musique du célèbre maëstro, dont cette » binette rappelle de loin Adonis Offenbach.

» Dans sa joie de revoir la lumière du jour, Béranger,

» d'une voix pleine, entonne sa chanson que tous répètent
» en chœur :

Le Requin antropophage

I

Entre Paris et Malte,
Trou la, trou la, trou la, la la,
Entre Paris et Malte,
Les quatre fers en l'air,
J'ai roulé dans la mer
Où, flânant sur l'asphalte,
Trou la, trou la, trou la, la la,
Où flânant sur l'asphalte,
Un requin indiscret
M'avala tout d'un trait.

REFRAIN

Ha! ha! ha! ha! ha! ha!
Je crois que de ça
Longtemps on rira
Larira!

II

Monsieur, votre conduite,
Trou la, trou la, trou la, la la,
Monsieur, votre conduite,
Ai-je dit au requin,
Est celle d'un faquin;
Et j'entends tout de suite,
Trou la, trou la, trou la, la la,
Et j'entends tout de suite,
Vil et sot animal,
Quitter votre bocal!

Ha! ha! ha! ha! ha! ha! etc.

III

Le requin indocile,
Trou la, trou la, trou la, la, la,
Le requin indocile
Et mis en appétit,
Crûment me répondit :
Tu m'excites la bile,
Trou la, trou la, trou la, la la,
Tu m'excites la bile;
Je veux manger, ma foi,
Napolione et toi!

Ha! ha! ha! ha! ha! ha! etc.

IV

Éperdu, dans ma cage,
Trou la, trou la, trou la, la la,
Éperdu, dans ma cage
Je m'arrange du mieux,
Ma foi, que je le peux,
Quand mon ami qu'enrage,
Trou la, trou la, trou la, la la,
Quand mon ami, qu'enrage
Mon misérable sort,
Met le requin à mort!

Ha! ha! ha! ha! ha! ha! etc.

» Au dernier couplet, l'enthousiasme débordant chez tous, » on s'accompagna, les matelots de leur hache, Brueys de » son grand sabre, et Napolione, du gril qui avait servi à » faire rôtir le hareng-saur.

« Béranger passa la main dans les cheveux de Napolione, » l'appela Arthur et dit :

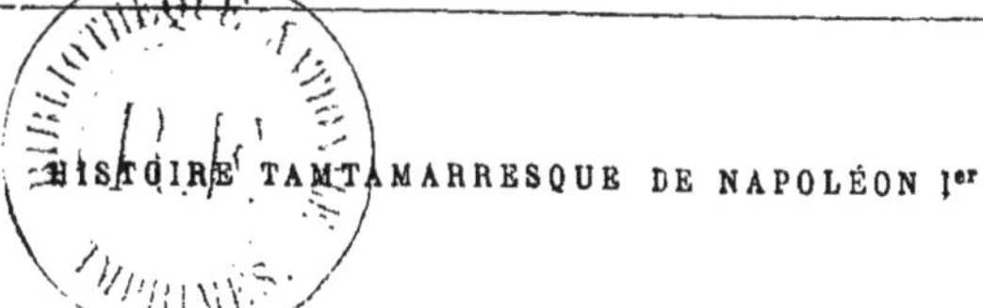

V

Amis, honneur et gloire,
Trou la, trou la, trou la, la la,
Amis, honneur et gloire
Au hardi général,
Sans flingot, sans bancal,
Qui souffla la victoire,
Trou la, trou la, trou la, la la,
Qui souffla la victoire
Au cétacé pervers
Qui raiguisait les mers!

Ha! ha! ha! ha! ha! ha! etc.

» — Marins et soldats, dit l'amiral, après le refrain, il
» vous sera distribué ce soir un quart d'extra!

» — Vive l'amiral ! répondit l'équipage.

» Napolione s'approcha de Béranger et, d'un ton affectueux :

» — Comment, lui dit-il, as-tu vécu dans le requin ?

» — Très-bien ! J'ai mangé mon hareng-saur !

» Ce qui prouve qu'il est toujours bon de se garder une poire pour la soif.

» Béranger ayant accepté le présent que lui a fait Napo-
» lione de son géant des mers, il l'a fait empailler avec le
» même soin que Crocodilus XXVII et, par les mêmes voies
» de transport, nous l'a expédié la nuit dernière.

» Comme par le passé, nous nous empressons de porter à
» la connaissance de nos lecteurs que, moyennant un petit
» franc en plus comme entrée, nous leur exhiberons, à par-
» tir de demain, notre requin qui mesure une toise de plus

» que le serpent de mer du vieux casque à mèche qu'on ap-
» pelle le *Constitutionnel !* » — La Rédaction.

PATATRAS

Pendant qu'on vendait le dernier numéro du *Tam-Tam*, le Directoire, juché depuis huit jours sur l'Observatoire, reçut un télégramme de **Napolione.**

Il fit aussitôt afficher la proclamation suivante : *Voici les*

vraies nouvelles de Napolione et de notre flotte. Le Tam-Tam n'est qu'un blagueur.

Sans demander leur reste, Chateaubriand et Commerson, requin et crocodile sous le bras, s'accrochèrent à la nacelle

d'un ballon qui passait par hasard, évitant ainsi d'être mis en

pièces par les Parisiens qui se vengèrent cruellement en traitant le *Tam-Tam* de canard!

Pendant que nos astucieux rédacteurs faisaient des efforts désespérés pour grimper dans la nacelle du ballon, les Parisiens se jetaient sur les affiches du Directoire.

Ils apprirent avec un ravissement inexprimable que, pendant les premiers jours de sa traversée, Napolione avait occupé ses loisirs en se faisant lire le poëme de *Tamora*, d'Ossian, œuvre qu'il proclamait magnifique, et l'*Odyssée*, qu'il trouva tout simplement stupide, ce qui lui valut l'approba-

tion de tous les collégiens du monde, qui députèrent cinq d'entre eux, chargés de porter une adresse de félicitations et une couronne de foin d'honneur à cette épaulette illettrée qui n'entendait rien à la langue d'Homère.

Ce qui prouve une fois de plus, comme le dit *Boyreau*, que l'homme n'est pas parfait.

Il était alors six heures vingt-cinq minutes et trois secondes, et non pas sept heures moins cinq minutes et quatre tierces, comme l'affirme Norvins avec non moins d'audace que d'ignorance, quand un nuage, que les uns ont affirmé être aussi gros que noir et les autres aussi noir que gros, creva tout à coup sur la tête de nos lecteurs.

Les Parisiens ont toujours eu horreur de l'eau. Ils détalèrent et remirent au jour suivant de connaître la fin des nouvelles et de la flotte française et de Buonaparte.

Le lendemain, aussitôt que l'aurore aux doigts de rose entr'ouvrit les portes de l'Orient, comme le temps était serein, les Parisiens revolèrent vers leurs affiches.

Juste au moment où Joséphine priait son dentiste de lui

plomber une molaire, et non pas à l'heure où elle prenait son petit noir à la crême, ainsi que l'a sournoisement prétendu Las Cases, les Parisiens se pâmèrent d'aise en apprenant que, le 22 mai, Napolione avait, au noble jeu du vingt et-un, gagné six francs cinquante à Béranger.

Tout à coup la foule qui se pressait devant les affiches du gouvernement, se précipita follement à travers les rues et regagna son domicile.

Paris venait de lire que Napolione avait pris l'île de Malte avec autant de facilité qu'un autre un verre d'absinthe.

Bien qu'il ne fût que deux heures de l'après-midi, Paris illumina, ce qui fit dire à M. de Talleyrand qu'il voyait des étoiles en plein midi.

DES CRÉANCIERS VEINARDS

Ces bonnes nouvelles ayant calmé les Parisiens, ils rirent les premiers de leur béotisme et pardonnèrent leurs turpitudes à nos collaborateurs.

Au bout de quelques jours, nos camarades reparurent dans nos bureaux où quelques grincheux osèrent venir réclamer les vingt sous d'entrée que Commerson leur avait extorqués à propos de l'exhibition du crocodile de Chateaubriand.

La caisse étant complétement à sec, Praline et Cachemoiça ayant passé par là, Commerson fit un billet d'un franc à tous ceux qui réclamèrent.

Il oublia toujours de payer ces billets, c'est vrai, mais quel bonheur pour vous, ô créanciers veinards! Quand Auguste aura *fermé ses persiennes,* ses autographes se payeront assurément au poids de l'or.

L'UNIQUE ROMAN DE BÉRANGER

Quelques jours s'étant écoulés, le tout Paris littéraire apprit avec une émotion indicible que, soucieux de réparer la brèche faite à sa fortune, Béranger passait son temps à écrire un roman de mœurs et d'aventures, intitulé : *Les Punaises de Phryné.*

Ce roman devait paraître dans le *Moniteur*.

POURQUOI NAPOLIONE DONNA UNE TABATIÈRE A BÉRANGER

Le 28 juin, le *soleil de Buonaparte* — le successeur de monsieur de Beauharnais en avait fait faire un exprès pour sa campagne d'Égypte — éclairait les minarets d'Alexandrie et le drapeau tricolore flottait au sommet de la Tour des Arabes.

Quelques jours après, le général entrait dans Alexandrie.

Comprenant l'importance de se porter rapidement sur le Caire, il se dirigea sur cette ville à travers le désert de Damanhour où, crevant de faim, de soif, de lassitude et de chaleur, nos soldats faillirent se débander.

Le moment était suprême.

Napolione jeta un regard d'angoisse sur Béranger.

Celui-ci répondit à ce muet appel.

— Dis donc, blagueur, lui dit-il, tu nous as promis six arpents de terre à chacun... Pendant que tu y étais, tu pouvais nous en promettre douze. Il fait ici un soleil à faire cuire les petits pois en deux secondes!

L'armée se mit à rire... elle fut sauvée.

On se remit bravement en route.

C'est pourquoi, quand il entra au Caire, ayant un jour rencontré Béranger qui, faute d'avoir reçu son prêt, jouait de la clarinette sur une place publique pour soutirer quelques monacos aux Maugrabins émerveillés, Napolione estima que l'heure de s'acquitter envers son ami avait sonné.

Ayant, d'un coup de sabre, tranché la tête à un obélisque, il se jucha d'un bond sur le faîte du monolithe et montrant à Béranger une tabatière qui portait le numéro 7483, il lui jura de la lui donner par testament.

Les Arabes applaudirent à tour de bras.

Napolione tint parole.

A Sainte-Hélène, il se souvint de sa promesse et légua à son ami ladite tabatière, sur le couvercle de laquelle étaient gravés ces mots : *Puisse cette platine récompenser la tienne!*

UNE APOSTROPHE QUI ENFONCE CELLE DE D'ENNERY

Après le glorieux combat de Chébreïsse, où Béranger aurait pu cueillir une abondante moisson de lauriers, s'il ne s'était pas obstiné à demeurer à deux lieues du champ de bataille, convaincu que la journée ne se passerait pas sans qu'il découvrît dans cet endroit une variété rare du pissenlit, notre collaborateur rejoignit Napolione le 21 juillet à Omdinar.

Il y arriva comme la bataille dite des Pyramides commençait, au moment où Napolione lançait à ses soldats cette fulgurante apostrophe :

— Soldats, du haut de *ces siècles, quarante pyramides* vous contemplent !

Ce magnifique vers de dix-huit pieds électrise l'armée.

Béranger, lui-même, tire le sabre que lui a donné la Rédaction du *Tam-Tam*. Il va fondre sur les mamelucks, quand il s'aperçoit que sa dague est ébréchée.

Il veut bien couper la tête à mille mamelucks, mais il ne veut pas les faire souffrir. Il quitte donc le champ de bataille et va faire affiler son bancal.

Le sabre de la Rédaction était en si mauvais état qu'il fallut quatre heures au digne rémouleur pour le repasser convenablement. Aussi Béranger arriva-t-il sur le champ de bataille comme nous venions de remporter la victoire.

OU BÉRANGER FAIT DEUX PRISONNIERS

— Toujours en retard ! lui crie sévèrement Napolione.

Cette rude semonce fait verser deux larmes de désespoir à Béranger, qui se lance sur les mamelucks. A leur suite, il va s'enfoncer dans les montagnes, quand il aperçoit deux coursiers de prix qui flânaient dans la plaine. Bientôt il est près

d'eux. Les chevaux s'agenouillent devant lui en poussant un joyeux hennissement.

Béranger, qui connaît toutes les langues, comprend tout de suite que ces nobles bêtes s'écrient : « Nous nous rendons ! »

Il ne leur fait point de mal. Au contraire. Il leur donne un morceau de sucre. Dociles, les coursiers le suivent au camp.

BÉRANGER VEND UN DE SES PRISONNIERS A NAPOLIONE

Buonaparte se dirigeait alors vers la ville. Béranger s'empresse de lui offrir un de ses arabes... contre cinq mille francs et, montant l'autre aux côtés du général en chef, il fait, le 25 juillet, son entrée au Caire.

Vu sa belle prestance, tous les Maugrabins prennent le chansonnier pour le général en chef et s'inclinent devant lui. Comme ça paraît vexer son ami, Béranger s'écrie :

— Mes enfants, vous vous trompez, le général en chef, ce n'est pas moi !

Et, leur montrant Napolione qui, de plaisir, devient rouge

comme un cardinal des mers qui a bouilli deux heures dans la casserole, il termine par ce compliment flatteur que M. Thiers a passé sous silence : Voilà le zig !

COURSES POUR L'AMÉLIORATION DE LA RACE CHEVALINE

Le 22 août, Napolione offrit une fête aux bédouins.

Dès que les troupes furent réunies sur la place d'Esbeckich, Napolione s'y rendit, accompagné du pacha et des membres du Divan, de tout son état-major galonné jusqu'aux coudes et des savants, arcadiens à longues oreilles et à besi-

cles, lesquels avaient quitté la France pour suivre la fortune du Buonaparte.

Le pacha daigna trouver le veau aux carottes excellent et la musique délicieuse. Un mot imprudent de Béranger jeta un froid qui, heureusement, ne dura que trois secondes.

Le pacha ayant demandé au plumitif si on n'allait pas voir bientôt quelques odalisques, Béranger répondit familièrement à la tête à trois queues : Tu t'en ferais mourir !

Puis vinrent les courses à pied où le caporal Pathon battit Mariton de deux longueurs.

Enfin plusieurs coups de cloche annoncèrent que les courses de chevaux allaient commencer.

Elles furent palpitantes.

Le citoyen Sucy, qui montait le grand-père de Gladiateur, battit Berthier d'un nez. Junot arriva bon troisième.

Certes que Béranger eût gagné le prix, s'il ne lui était arrivé un accident regrettable. Au beau milieu du cirque,

comme il avait sur ses concurrents une avance de plusieurs longueurs, voilà-t-il pas qu'il commet l'imprudence de se retourner pour juger de l'avance qu'il avait sur les autres. Qu'arrive-t-il? Que son Franc-Tireur se retourne aussi. En vain Béranger furieux veut-il reprendre sa position première. Son animal s'entête. Voyant ses rivaux le dépasser, Béranger invective sa monture qui se fâche, se cabre, et, finalement, qui roule indélicatement sur son cavalier.

PASSAGE DE LA MER ROUGE

Ayant quelques côtes enfoncées, Béranger dut garder le lit, ce qui l'empêcha d'être aux côtés de Napolione quand celui-ci traversa la mer Rouge, en détalant comme un lièvre,

et n'eut point honte de blaguer notre sainte mère l'Église

catholique, apostolique et romaine en s'écriant : Quel malheur que je n'aie pas péri comme Pharaon! Tous les prédicateurs de la chrétienté n'auraient pas manqué de faire sur moi un beau texte; c'est une occasion qu'ils ne retrouveront jamais!

VESTE, VICTOIRE ET ÉCLIPSE

Le 6 janvier 1799, Napolione se dirigea sur St-Jean-d'Acre, où le tailleur Djezzar lui prit mesure d'une veste qui tint chaud à notre infortuné général jusqu'au 25 juillet, date de la brillante victoire d'Aboukir.

En août, Napolione reçut de tristes nouvelles de France. Ne voulant pas que les bons petits camarades profitassent seuls des fautes du Directoire, il remit, le 21, le commandement en chef de l'armée d'Orient à Kléber.

Le 9 octobre, il arriva à Paris. Il y eut ce jour-là, au dire d'un académicien folâtre, éclipse de lune..., et de l'autre, Béranger, comme Napolione, s'étant éclipsé de l'Égypte.

CHAPITRE XII

Les Événements de Brumaire

QUAND les rats quittent un vaisseau, c'est qu'il va couler.

Doué du flair du rat, Napolione abandonna l'Égypte et remit le commandement à Kléber en août 1799, parce qu'il sentit qu'il n'y avait plus rien à récolter en Orient qu'un coup de couteau qui échut au vainqueur d'Héliopolis, et une capitulation désastreuse que signa Menou en 1801.

Quand ils apprirent ces deux fatals événements, les Parisiens s'écrièrent tout d'une voix : Ce n'est pas un nez qu'a Napolione, c'est une trompe!

En même temps que ce mot, Commerson édita dans le *Tam-Tam* le mot commis par Béranger, le jour où Buonaparte apprenant à notre collaborateur qu'il retournait en France, celui-ci lui avait dit : Tu décampes... alors, macaroni!

Traduction libre : Tu décampes... je file!

L'arrivée de Napolione à Paris produisit un effet immense, à preuve qu'un journal du soir annonça qu'un âne en était mort de joie.

Mais se méfier des nouvelles des journaux du soir. Renseignements pris, on sut que ce n'était pas un âne qui était mort, mais bien un simple député, l'honorable Baudet (des Ardennes).

Ane... baudet... On pouvait confondre. Confusion regrettable... Ce n'est pas pour l'âne que nous disons cela.

Au *Tam-Tam*, on annonça simplement qu'un député était mort, et on comprit tout de suite la perte douloureuse que la France avait faite.

LE SABRE DU MAMELUCK

Dès le lendemain de son arrivée, Napolione fit avec Béranger une visite à Gohier, président du Directoire et patriote exalté. Gohier les retint à dîner, et leur dit que le jour suivant il les présenterait à ses collègues, c'est-à-dire à Sieyès, à Roger-Ducos, à Moulins et à Barras, ce dernier, depuis quelques temps, surnommé le *pourri*.

Vêtu d'une simple redingote bleue et portant un magnifique sabre de mameluck, suspendu à la manière orientale par un cordon de soie cramoisi, Napolione se rendit au Directoire. Plus simple, Béranger avait revêtu une feuille de vigne ; en sautoir, il portait un tromblon.

Il s'agissait pour Napolione de faire avaler aux membres du Directoire pourquoi il avait quitté l'Égypte.

— Ça sera raide, avait dit Chateaubriand, car décemment on ne peut pas dire aux gens : Mes petits vieux, si je suis revenu c'est pour vous prendre votre place !...

Nous croyons que les autres n'en seraient pas revenus.

Napolione dit carrément aux cinq directeurs qu'il était

parti pour voler au secours de la République qu'il croyait perdue et qu'il se réjouissait de la trouver sauvée.

— Jamais, ajouta-t-il, en posant la main sur la poignée de son sabre, je ne le tirerai que pour la défense de la République !

Il dit et, sautant sur le nez de son Bucéphale, il embrassa tendrement le buste de la République.

Là-dessus, attendrissement général. Béranger pleura tant que sa feuille de vigne transpira abondamment.

— Tas de ganaches, murmura imprudemment Napolione, ils coupent tous là-dedans !

Seul, Béranger l'entendit.

Il regarda Napolione avec effarement et se dit :

— Est-ce qu'il nous rase?

Le jour de la proclamation de l'empire, il comprit que Napolione l'avait roulé. Il se vengea cruellement.

Prenant sa pipe à son râtelier, il dit de son ton le plus amer à Commerson :

— Mon fils, je n'ai pas de tabac!.. Passe-moi donc *ta parole de Buonaparte!...*

Et Commerson lui passa sa *blague.*

Il est vrai que le lendemain le *Tam-Tam* fut suspendu pour trois mois.

Qui la dansa?

Napolione.

En effet, chaque nuit, pendant un trimestre, Chateaubriand et Lafitte, avec Royer-Collard et Le Guillois sur la rive droite, Simon et Montretout avec Béranger et Commerson sur la rive gauche, et votre serviteur à cheval sur les deux berges de la Seine, écrivirent ces mots vengeurs sur tous les murs de la capitale :

Napoléon... premier.... blagueur de son époque !

PREMIÈRE REVUE A SATORY

Quand il fut bien avéré pour tous que Napolione n'était revenu d'Égypte que pour renverser le Directoire, une nuée d'intrigants creva dans les salons du général.

La foule fut bientôt si grande qu'un soir le plancher fit entendre un craquement sinistre.

Aux grands maux les grandes phrases!

— Tout le monde dehors! cria Napolione.

Se hissant alors sur les épaules de Lannes, Buonaparte dit à la foule :

— Demain, enfants, je vous passerai en revue dans la grande plaine de Satory! Que personne ne manque! Il y aura une vraie surprise!

Le lendemain, les Lannes, les Murat, les Berthier, les Macdonald, les Jourdan, les Leclerc, les Beurnonville, les Lefebvre, les Brueys, les Dubois-Crancé, les Cambacérès, les Fouché, les Talleyrand, les Duroc, les Bessières, les Marmont, les Lavalette, les Cafarelli, les Merlin, les Bourrienne, les Regnault de Saint-Jean-d'Angély, les Arnault, les Daunou, les Chénier, les Cabanis, les Rœderer, les vingt-deux guides que Napolione avait amenés avec lui de Fréjus à Paris, et enfin tous les mendiants de places et d'honneurs partirent, qui en patache, qui en coucou, qui sur sa rosse, et se trouvèrent à midi sur le plateau de Satory.

Napolione la leur fit à la pose.

Il se fit attendre et n'arriva qu'à deux heures.

Un plat-pied s'écria : Déjà !

Après avoir fait porter armes pour la forme, Napolione qui savait qu'on prend surtout les gens par la... bouche,

Napolione ne dédaigna pas de distribuer lui-même à chacun un petit pain et un rond de saucisson, un verre de fil-en-quatre et un petit bordeaux, ce qui fit qu'à trois heures la foule cria à tue-tête :

Vive Polione ! vive l'Égyptien !

Buonaparte exposa à ses amis que le soleil luisait pour tous, qu'en conséquence ceux qui n'avaient pas de place devaient prendre celle des autres, et que, pour lui, il se contenterait de celle de Gohier, c'est-à-dire de la première.

L'assemblée ne voulut pas en entendre davantage. Elle cria encore une fois : « Vive Polione ! » Murat ayant adroitement donné l'ordre de verser un second petit verre de *cogne*, elle porta Buonaparte en triomphe.

LE GÉNÉRAL ET L'ABBÉ

Le soir, Napolione alla voir Sieyès et lui dit :

— Le moment d'agir est venu ; y êtes-vous ?

— J'y suis, répondit Sieyès.

— Eh bien, il ne nous reste plus qu'à arrêter les gêneurs !

— Qui appelez-vous les gêneurs?

— Les Gohier... les Moulins... les Barras... les Bernadotte!...

— Coffrez-les.

— Qui les gardera, monsieur l'abbé?

— Moreau!... A propos, si Santerre bouge?...

— Je le prendrai par la douceur, je le ferai fusiller !

Ému, Sieyès se jeta dans les bras du Corse, et lui dit :

— Général, vous méritez qu'un jour on vous coule en bronze !

Sur ces paroles, général et abbé se quittèrent.

Le 18 brumaire (9 novembre 1799), Cornet enleva d'assaut la proposition. Pendant la nuit du 18 au 19, Napolione, Sieyès et Roger-Ducos se partagèrent les rôles pour accomplir le lendemain la révolution du sabre. A minuit ils se séparèrent, après être convenus de remplacer le Directoire par le Consulat.

Un homme avait entendu nos conspirateurs.

— Après le Directoire, dit cet homme avec amertume, le Consulat!... Mais, après le Consulat?...

— L'Empire! cria avec énergie Napolione qui rentrait.

— Adieu! répondit l'homme.

A MINUIT VINGT, SUR LES TOURS DE NOTRE-DAME.

Pâle, les yeux hagards, la démarche incertaine, un petit homme replet quitta la maison de Napolione à minuit cinq. Accablé de douleur, titubant presque à chaque pas, cet homme poussait de temps en temps des exclamations incohérentes dans le genre de celle-ci :

— C'en est fait!... je ne donnerais pas six sous de la République!... Avant quelques années, elle aura certainement avalé son bonnet!... Ah! Napolione! Napolione! m'as-tu assez fourré dedans!... Quel bon jocrisse j'ai fait!

Cet homme s'arrêta alors, leva la tête et sembla poignarder le ciel d'un fier regard. Après quoi, il enfila, sombre et muet, la rue Montmartre, les halles, les quais, et ne s'arrêta que devant Notre-Dame.

Là, il fit toc! toc!...

— Que voulez-vous, noble étranger? lui demanda respectueusement le gardien.

— Je veux monter sur la tour Nord! répondit l'homme. Voilà dix sous!...

— Merci, mon prince!

Le gardien ouvrit et Béranger, — c'était Béranger, — monta aussitôt.

Il était tellement absorbé qu'il ne remarqua pas qu'il était suivi par un autre petit homme, mais sec celui-ci et maigriot, et enveloppé dans un manteau couleur de muraille. Depuis vingt minutes, cet homme l'avait emboîté.

Arrivé sur la plate-forme de la tour du Nord, Béranger s'arrêta et dit : Il ne passe personne!... L'heure est bonne pour en finir avec cette existence maudite!

Après une pause, il ajouta : Au fait, non!... Cette tour ne me convient pas!... Je préfère l'autre!

Il dit, enjambe et... le voici sur la tour Sud!

Ce que c'est que d'avoir de l'élasticité dans les membres!

A peine sur la tour Sud, il se précipite dans l'espace.

Mais son compagnon l'avait imité. Toujours silencieux, l'homme au crispin s'est élancé à son tour.

Il rattrape l'ami Pierre, et tendant sous lui son grand manteau qui forme parachute, avec Béranger il touche tout doucement le pavé du parvis.

L'homme au manteau, c'était Buonaparte !...

Tout écornifistibulé, Pierre dit à Napolione : Mon ami, il faut absolument que nous prenions quelque chose !

Et ils entrèrent chez le mastroquet du coin qui était encore ouvert, puis, bras dessus, bras dessous, ils retournèrent, l'un rue de la Victoire, l'autre rue du Bouloi.

GÉNÉROSITÉ DE MURAT ENVERS LA LANGUE FRANÇAISE.

Le 19 brumaire, dans la matinée, Napolione, passablement agité, ne cessa de se fourrer les doigts dans le nez. Impatienté, Murat lui dit : Laisse donc ta hotte tranquille !

Depuis ce jour, quand un moutard ne cesse de pratiquer des expurgations intempestives dans ses fosses nasales, tous les amateurs de la belle langue de Bossuet disent à leur fruit : As-tu fini de vider ta hotte?...

UN JOLI MOT D'ESCOBAR-TALLEYRAND.

A midi, les Anciens, les Cinq-Cents et la Commission des inspecteurs étaient à Saint-Cloud.

Des bavards firent courir le bruit que le Corps législatif était cerné par des troupes gagnées.

Pure calomnie !... Jamais, en France, un général ne s'est vendu,... je me plais à le croire. Si d'aucuns n'ont pas toujours été fidèles à leur parole, on n'a rien à leur dire, du moment qu'on a commis la bévue de leur faire prêter un serment. Comme l'a dit si finement M. de Talleyrand : Ce qu'on *prête,* on peut le reprendre !

MANIÈRE DE SE DÉBARRASSER D'UNE CONSTITUTION.

De midi à deux heures, Anciens et Cinq-Cents ne cessèrent de faire des potins.

On en informa Napolione et Sieyès.

L'abbé prit peur.

— Monsieur l'abbé, lui dit Buonaparte, rassurez-vous! Quand on potine, règle générale, on n'agit pas. Je ne potine pas, moi, j'agis!

Il dit et entre dans la salle du Conseil des Anciens.

Un membre mal élevé lui crie : Hé! l'Égyptien, on n'entre pas ici à cheval!

— La rosse dehors! clame un autre.

— Citoyen, rugit Napolione, à qui en as-tu?

Intimidé, l'autre répond : A ton Bucéphale!

— Alors, réplique le Corse, y a pas d'affront!

Et il descend de sa bête, aux bravos de toute la salle.

Une fois le silence rétabli : Représentants, reprend Napolione, savez-vous que vous êtes sur un volcan?

— Nom d'un pétard! s'écrie l'Assemblée.

— Je ne suis pas un blagueur, moi! poursuit Buonaparte. Aussi, je ne vous dirai pas comme une célèbre ganache : Mandataires du peuple, délibérez en paix!... — A l'heure où le cratère fume et s'entr'ouvre, je viens vous dire : Le Directoire n'a fait que des boulettes, à bas le Directoire!

— Général, interrompt Linglet, et la Constitution?...

— Asseyez-vous dessus! répond crânement Napolione.

Et, suivi de tout son état-major, il quitte la salle pour aller haranguer ses grenadiers.

— Maintenant, dit Murat, vite au Conseil des Cinq-Cents!

— Servons chaud et enlevons!

— Boum!

Mais là l'étoile du traître pâlit un instant.

A peine Napolione paraît-il, qu'on n'entend que ces mots : Des soldats ici !... des armes !... A la porte !... A bas le dictateur !... A bas le tyran !... Hors la loi le galeux !...

Le Corse se voit flambé : Grenadiers, s'écrie-t-il, à moi !...

Un peloton accourt, le dégage et l'enlève.

Une fois dehors, Napolione, qui comprend que le moment de faire banco est venu, appelle le capitaine Ponsard.

— Capitaine, lui dit-il, entrez vite là-dedans et dispersez-moi ces factieux qui veulent m'empêcher de pincer la place de Gohier... et de vous faire chef de bataillon !...

— Et de me faire... Les misérables, s'écrie Ponsard !... Soldats, en avant !

Tout à coup Ponsard revient sur ses pas, et, se grattant le nez, il dit à Napolione : Mais si ces drôles-là résistent?

— Eh bien, répond Napolione... Et ces baïonnettes?... C'est donc pour enfiler des perles?. .

Ces paroles canailles électrisent Ponsard.

Le tambour bat la charge. Les soldats montent au pas de course le grand escalier du château, entrent dans la salle et enlèvent Lucien Buonaparte.

Les beaux exemples sont contagieux.

Murat aperçoit des grenadiers : Grenadiers, dit-il, est-ce juste que Ponsard fasse son beurre tout seul?

— Non, non! répondent les soldats en chœur.

— Alors, mes enfants, suivez-moi!

— Au beurre! au beurre! crient les grenadiers.

Ils se précipitent sur les pas du jeune chef de brigade et dix minutes après, la salle des Cinq-Cents est évacuée.

Du moment qu'il n'y a plus de coups de poignard à craindre, Napolione paraît, entre Commerson et Sieyès.

— Monsieur l'abbé, dit Buonaparte à ce dernier, un coup d'État, ce n'est pas plus malin que ça!... Il ne s'agit que de savoir ce qu'on veut et d'avoir l'*amour* de l'armée!

— J'espère bien, ajoute Commerson tout bas, que nous resterons en République?

— Comment donc, répond le Corse... mais toujours!

La plupart des Anciens et une soixantaine de membres des Cinq-Cents, des Ratapoils de l'avenir, se réunirent dans la nuit du 19 au 20, et décrétèrent, sur la proposition de Villetard, l'abolition du Directoire et la remise du Pouvoir Exécutif aux mains de trois consuls provisoires, Napolione, Sieyès et Béranger.

Ce dernier, ayant donné sa démission à l'aurore, fut remplacé par Roger-Ducos.

LE BALAI DE ROGER-DUCOS

Le 20 brumaire, c'est-à-dire le 11 novembre, Napolione s'installa au Luxembourg.

Dévorés de l'amour de la patrie, nos trois consuls commencèrent par s'occuper d'eux.

Voyant qu'ils s'occupaient d'*eux*, tout le monde se demanda ce qu'ils allaient pondre.

Ils agitèrent la question de la présidence.

— Le président, dit Sieyès, doit être celui qui a conçu et mûri l'idée de remplacer le Directoire par le Consulat!

— Le président, interrompit Napolione, doit être celui qui, après avoir été la tête, a été le bras de la chose!

Et le général et l'abbé regardèrent Roger-Ducos.

Roger-Ducos sonna et dit à un officieux : Frère, apporte-moi un balai!

— Un balai, dit l'abbé, pour quoi faire?

— Vous allez voir...

L'officieux rentra avec un magnifique faisceau de joncs entés sur une superbe trique.

— Monsieur l'abbé, reprit sentencieusement Roger-Ducos, en présentant le balai à Sieyès, il aura ma voix, celui de vous qui balaiera le mieux et le plus vite cette pièce!

— Roger, êtes-vous fou?

— Balayez, monsieur l'abbé, et surtout balayez bien! Ma voix, je vous le répète, est acquise à celui qui fera le meilleur usage de ce balai!

Sieyès se mit à rire, prit le balai et balaya en conscience pendant une minute.

— Pas mal, pas mal! dit Roger-Ducos. Voyons si Napolione fera mieux.

A peine celui-ci eut-il le balai entre les mains qu'appuyant vigoureusement du pied droit sur la botte de joncs, il débarrassa la trique de ces derniers.

— Drôle de manière de balayer, dit insidieusement l'abbé.

Napolione eut un petit rire sec.

Agitant nerveusement la trique dans sa main droite, il courut sur Sieyès et sur Roger-Ducos, sur le premier surtout, à qui il administra deux bons coups de gaule.

L'abbé gagna la porte.

— Assez, général, cria Roger-Ducos, réfugié sur la table et pouffant de rire, vous avez ma voix.

— Comment? s'écria Sieyès furieux et blême.

— Monsieur l'abbé, répondit Roger en souriant, je me mets toujours du côté du manche !

Nos consuls provisoires se mirent à l'œuvre et pondirent

au bout de quarante-trois jours la Constitution de l'an VIII.

Le Consulat provisoire ne dura guère que six semaines et, dernier désappointement pour Sieyès, Napolione fut nommé premier consul avec deux consuls secondaires, quelque chose comme deux conseillers consultatifs.

De fait, il était le chef de l'État.

L'abbé comprit bientôt qu'il s'était donné un maître et qu'il avait fait un rêve absurde le jour où il avait cru qu'une heure viendrait où, sans embarras et sans responsabilité, après avoir machiavéliquement mis à la retraite Gohier, Moulins et Barras, il gouvernerait, avec un traitement annuel de six millions, la République comme un gros chanoine.

Buonaparte s'est servi du mot tout cru.

Sieyès ayant refusé la seconde place, Napolione l'offrit au père Cambacérès. Lebrun ayant accepté le numéro 3, nous eûmes pour consuls, prétendit Commerson, le maigre, le gras et le brun.

CHAPITRE XIII

Deuxième campagne d'Italie

Il y avait deux mois à peu près que Napolione occupait le Luxembourg, lorsqu'un matin M. de Talleyrand fit discrètement remarquer à Joséphine que Napolione paraissait éprouver quelque contrariété de s'entendre appeler mon trognon dans le lit de Barras.

Joséphine ne se fit pas répéter la chose deux fois. Le soir

même elle dit à son époux, en le câlinant tendrement : Dis

donc, mon gros bébé, c'est Fifine qui serait joliment contente d'aller faire dodo aux Tuileries !

— Aux Tuileries !... c'est une idée, s'écria Napolione.

Le 30 pluviose, c'est-à-dire 19 février 1800, il déménagea et s'établit dans le palais des rois.

LE SALON DE MADAME BUONAPARTE

Le 20 février, en déjeûnant, Napolione dit à Bourrienne : Nous voici aux Tuileries, ma petite vieille ; c'est bien !... Le tout, c'est d'y rester.

— Vous y resterez, lui répondit Bourrienne, si vous continuez à vous appuyer sur l'*amour* de l'armée !

Une fois aux Tuileries, Napolione commença à faire du genre. Jugeant à propos d'ouvrir son salon, il se montra sévère sur le choix de la société de madame Buonaparte. Madame Tallien fut reçue aux Tuileries avec aussi peu d'égards que Blanche d'Isigny.

Napolione ne s'en tint pas là : il ne voulut plus que, comme jadis, Joséphine se promenât en simple robe de gaze sur la terrasse des Feuillants.

POURQUOI LES CHAMBELLANS ONT UNE CLÉ DANS LE DOS

Dès que l'ordre des réceptions eût été réglé, comme il n'y avait pas encore de serviteurs titrés, appelés chambellans parce que la clé qu'ils portent sur le dos leur sert à arrêter les saignements de nez du maître, des aides de camp remplirent d'abord ces délicates fonctions.

UN DISCOURS DE MARDI-GRAS

Jaloux enfin de prouver à la nation qu'elle était en République plus que jamais, Napolione, ayant reçu la nouvelle de la mort de Washington, décédé dans sa modeste maison de campagne de la Virginie, s'empressa de passer une culotte et une revue.

A la fin de la parade, il prononça le speech suivant :

« Citoyens, Washington vient d'éteindre son gaz!... La terre lui soit légère!... Sa mémoire sera toujours chère au peuple français qui, comme le peuple américain, se bat pour l'égalité et la liberté. Cette triste nouvelle coïncidant avec le mardi-gras, je n'ai pas besoin de finir par ce cri du cœur : Des crêpes! des crêpes!... »

Et, ce disant, ses yeux se *baignaient* de pleurs.

UNE RIPOSTE AMÈRE

Quelque temps après, Buonaparte se permit la facétie suivante :

En tête des actes du gouvernement, la vignette représentait la République assise, drapée à l'antique, tenant un gouvernail d'une main et de l'autre une couronne avec cette inscription : « République française, souveraineté du peuple, liberté, égalité, Buonaparte, 1er consul. »

Sur l'ordre de Napolione, on y substitua, un beau matin, ces mots : « Gouvernement français, » et on effaça le reste.

Comme cela rendait Béranger rêveur, Bourrienne lui dit en riant : Mon cher, il faut bien commencer par quelque chose.

— Mon fils, répondit Pierre, en hochant la tête, Napolione a commencé à Toulon... je ne sais pas où il finira.

CORRESPONDANCE ÉPICÉE ENTRE XAVIER-LOUIS XVIII ET NAPOLIONE

Ces agissements du premier consul ne laissèrent pas que de faire murmurer les républicains.

Les royalistes relevèrent la tête.

Louis XVIII, de son petit nom Xavier, eut la bonhomie

d'écrire à Buonaparte pour le prier de l'aider à s'asseoir sur la chaise percée de Louis XIV.

Napolione répondit par ces deux vers qui ont fait le tour du globe et qu'on ne trouve dans aucun mémoire du temps :

J'ai trois poils de mon nez qui frisent ;
Ta sœur peut-elle en dire autant ?

Si cette poésie rallia le cœur des Jacobins, elle irrita les amis du trône et de l'autel. Saint-Régent estima alors que le moment était venu de se déguiser en porteur d'eau et de faire sauter le premier consul.

L'AFFAIRE DE LA RUE SAINT-NICAISE

Quand l'idée de se déguiser en porteur d'eau poursuit un homme, cet homme, fût-il royaliste, est capable de tout.

Or, cette idée s'étant emparée de Saint-Régent, ce jeune audacieux loua un jour sa boutique à un épicier de la rue Saint-Nicaise.

De beaux petits tonneaux, tout pleins de pruneaux et de harengs-saurs, qui certes ne pensaient pas à mal, ornaient le devant du magasin et gênaient quelque peu la circulation sur le trottoir, qui n'existait encore que dans l'imagination de nos édiles. Derrière ces jolis petits tonneaux se dressaient dans la boutique d'autres tonneaux non moins coquets, mais plus grands et toujours non moins pleins de harengs-saurs que de pruneaux... à ce que croyait le préfet de police.

Qui l'eût dit?... Sous ces pruneaux et sous ces harengs, dormaient plusieurs volcans. Chaque tonneau contenait de la poudre et des balles destinées à Napolione.

Le 3 nivose, 24 décembre si vous aimez mieux, le premier consul a l'idée de se rendre à l'Opéra pour entendre le grand oratorio de *La Création* d'Haynd... un nom qu'on ne prononce qu'en éternuant. A sept heures, il monte en voiture et passe rue Saint-Nicaise. Le voilà devant la maison fatale, devant la maison de l'épicier.

Un porteur d'eau — c'était Saint-Régent — se jette en travers avec son tonneau pour arrêter le carrosse. Un second conspirateur, qui a fait le sacrifice de sa vie, allume un rat et l'approche d'un tonneau. C'en est fait! tout le monde va sauter, quand le faux épicier lève le nez et aperçoit Commerson et Béranger en extase devant un tonneau d'olives.

L'homme au rat s'arrête. Abonné du *Tam-Tam*, il veut bien escofier le premier consul, mais Béranger et Commerson... jamais!... En vain Saint-Régent lui crie-t-il de glisser son rat sous le premier tonneau à main droite, notre abonné ne songe qu'à sauver Auguste et Pierre : Au large, leur dit-il, ou dans deux secondes vous êtes escarbouillés!

Béranger et Commerson se retournent. Ils aperçoivent

Napolione. A cette vue, ils devinent l'horrible vérité. Aussitôt ils s'élancent sur un des chevaux qui traînent le carrosse du premier consul : Hue, crient-t-ils d'une voix de stentor, au lieu de perdre le temps à parlementer avec le porteur d'eau.

Les coursiers partent à fond de train, renversant tout sur leur passage. Ils n'ont point fait quatre pas qu'une terrible explosion se fait entendre. C'est l'homme au rat qui vient de mettre le feu à ses poudres... Trop tard!... Napolione est passé !

Quatre ans plus tard, lors de la proclamation de l'empire, Commerson dit à Béranger : Mon fils, méfie-toi toujours du premier mouvement... C'est le bon!

Quant à Napolione, une fois sauvé, il dit à ses amis : Voilà une affaire qui me mènera plus loin qu'on ne pense !

Il est de fait qu'elle fit de lui un consul à vie... un empereur... Ce qui le mena tout droit à Sainte-Hélène... un peu plus loin qu'il ne pensait !

LA PREMIÈRE DU POULET A LA MARENGO

L'équité nous fait une loi de faire remarquer que, lorsque Napolione jeta le Directoire en prison, en exil et par les croisées, la situation de la France n'était pas belle. En Égypte, en Italie, en Vendée et sur le Rhin, on nous ramenait de la belle façon.

Après avoir pacifié la Vendée, Napolione se dit que le

moment de frapper un grand coup était venu. En conséquence, il prépara sa seconde campagne d'Italie.

Un soir, le 4 avril 1800, comme il piquait de grosses épingles à tête de cire rouge et noire sur une grande carte d'Italie, il dit à Bourrienne : Où battrai-je Mélas?

— Je ne sais pas, répondit ingénuement Bourrienne.

— Grand nigaud! s'écria Béranger.

Buonaparte se retourna vers Pierre : Et toi, malin, lui dit-il, apprends-moi donc où je le battrai?...

Béranger répondit : Où tu voudras!

Napolione lui tira doucement l'oreille et finit ainsi : Avant peu, je te ferai manger du bon poulet... du poulet à la Marengo!

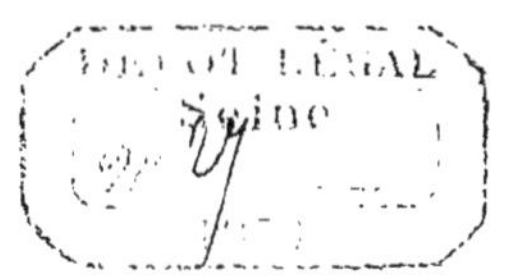

PASSAGE DU GRAND SAINT-BERNARD

Fière de ses derniers succès contre la France, l'Europe commit la faute de ne point se défier de Napolione.

Celui-ci, un rusé compère, lui fit croire à la formation d'une piètre armée de huit mille hommes à grand'peine rassemblés à Dijon. Les journaux anglais se gaussèrent de nous et dirent que notre consul s'occupait à la moutarde.

Pendant ce temps, il réunissait soixante mille combattants et un nombre considérable de bouches à feu. Au même jour, à la même heure, partis de vingt points différents, ces soixante mille hommes arrivèrent près de Genève.

Le 13 mai, en chantant, ils se rendirent de Lausanne à Saint-Pierre, petit village au pied du Saint-Bernard.

Ascension difficile en diable que celle-là, quand, en plus du sac au dos, il faut traîner avec soi des canons, des affûts et des caissons.

Qu'était-ce que cela pour des républicains?

Ils s'attelèrent aux bouches à feu et se comportèrent aussi bien que les mules. Du reste, bon déjeûner au départ et bon dîner à l'arrivée; le long de la route, *glaces* à discrétion : on n'avait qu'à se baisser pour en prendre.

Béranger, qui souffrait d'une engelure, escalada le mont à dos de mulet.

Quant à Napolione, tous les lettrés savent qu'il fit tout le trajet sur le dos de Médor, un des plus beaux chiens du monastère du grand Saint-Bernard. Lorsque Médor faisait mine de s'arrêter, Napolione avançait au-dessus de la tête de l'intelligent animal une petite badine au bout de laquelle il avait, suspendue à une ficelle, attaché une saucisse des plus appétissantes.

La vue de cette friandise irritante enflammait Médor, qui faisait d'héroïques efforts pour atteindre l'objet de sa convoitise. La saucisse, il est vrai, reculait sans cesse, mais Médor avançait toujours.

Grâce à ce stratagème, Napolione arriva beau premier sur le sommet de la montagne.

Médor n'eut qu'à se louer de la générosité de son écuyer. En effet, quoique tombant d'inanition, Napolione céda tout entière sa saucisse au noble quadrupède.

Nous savons bien que cette narration fidèle va quelque peu déranger les idées reçues. Jusqu'ici, on avait cru que c'était Napolione qui avait traversé le grand Saint-Bernard à dos de mulet. Erreur!

Regardez à la loupe le portrait de David, imité par Bernay, et nul doute, avec un peu de bonne foi, que vous ne reconnaissiez, dans la peinture du héros, un Napolione mâtiné de Béranger.

Après un banquet pantagruélique, où l'on mangea du chamois et où l'on but du picolo à indiscrétion, l'armée descendit en Italie.

L'ESCALIER DES VOLONTAIRES

Le 17 mai, les hostilités commencèrent. A Châtillon, nous battons les Autrichiens; mais tout à coup nous nous arrêtons devant le fort de Bard. Impossible de passer.

Pendant la nuit, Napolione et Béranger couvrent la route de fumier. Lafitte et Simon, Le Guillois et Montretout, volontaires de l'armée d'Italie, piochent et rabotent, en compagnie de Pitou et de Jean Bonneau, le rocher d'Albaredo, dans lequel ils pratiquent un escalier large et commode en quatre tours de main.

A minuit, toute l'artillerie passa sous les canons du fort, et hommes et chevaux filèrent par l'escalier taillé dans le roc par les six braves dont l'histoire a gardé les noms. Cette opération délicate ne nous coûta que quelques hommes.

ÉMOTION ET HÉROÏSME D'UN TAMBOUR-MAJOR

Le lendemain matin, on battit un ban en l'honneur de ces glorieuses victimes, et Béranger prononça leur oraison funèbre en vers.

Elle se terminait ainsi :

Mourir pour la patrie,
C'est le sort le plus beau, le plus digne d'envie!
Ainsi que ces héros,
Tous d'une fière trempe,
Puissions-nous, digne fin de nos nobles travaux,
Comme eux, *lâcher la rampe!*

Le tambour-major de la 32e demi-brigade en avala sa canne d'émotion. Ce vieux brave ne s'en porta pas plus mal, mais il digéra depuis avec un peu plus de difficulté, et, à ceux qui le pressaient parfois de manger, il répondait gaiement : Permettez, mes amis, permettez!... C'est que j'ai une légère arête dans le gosier!

DÉPÊCHE DE BOQUILLON A SIMONE

A la tête de soixante mille gaillards de ce calibre-là, Napolione n'hésita pas à se jeter dans la Lombardie, après avoir passé le Tessin, malgré Mélas. Voici en quels termes goguenards le fusilier Boquillon télégraphia la chose à Simone, sa payse :

Mélas, sur les bords du Tessin,
Ne veut pas que le Français passe...
Napolione a, ce matin,
Flanqué Mélas dans la mélasse!

SINGULIER EFFET DE LA FOUDRE

Le 1er juin, Lannes s'empare de Pavie et, le 2, Napolione entre dans Milan.

Le 8, comme il quitte cette ville pour voler débloquer Gênes, il apprend que Masséna, qui a mangé sa dernière botte, a dû sortir de la ville avec armes et bagages.

Napolione demeure foudroyé... à tel point qu'il se met à parler en vers. Béranger l'entendit qui disait en arpentant sa tente :

Qu'Ott ait pu triompher hier de Masséna
Est le plus dur des coups que le sort m'asséna !

Épouvanté, Béranger s'empresse de jeter une potée d'eau à la figure de son ami.

Revenu à lui, Buonaparte ordonne à Lannes de passer le Pô, puis de se porter sur Montebello.

Lannes y arrive et se trouve en face d'Ott, qui ose venir l'attaquer avec vingt mille hommes.

Les soldats français se tiennent les côtes.

— Enfants, s'écrie Lannes, que pensez-vous de ce paroissien qui vient se mesurer avec nous avec vingt mille kaiserlicks, alors que, nous, nous sommes huit mille?

— Que ça fait transpirer diagonalement, répond Chauvin au nom de toute la division!

Ott perdit huit mille des siens à Montebello, où Lannes se comporta si vaillamment qu'un artiste le coula un jour en bronze. Suivi de ses grenadiers, *Lannes à cheval* passe fièrement au milieu des boulets et va planter le drapeau de la République sur le plateau de Montebello.

LA CLOCHE DU GÉNÉRAL CHABRAND

Le 11, Desaix, qui arrive d'Égypte, rejoint Napolione à Stradella, où Buonaparte apprend que, grâce à l'idée passablement originale d'avoir fait monter une pièce de canon sur le clocher d'Albaredo, Chabrand s'est emparé du fort de Bard. Chaque fois qu'il tirait un coup de canon, le général Chabrand disait, en se frisant nerveusement les moustaches : Mes enfants, sonnez la cloche!

BATAILLE DE MARENGO

Le 14 juin, Napolione profite de ce que Desaix est à quelques lieues de lui pour fondre tout seul sur Mélas.

Il ne veut partager avec personne l'honneur de la victoire. Victor attaque et prend le village de Marengo, mais l'artillerie des têtes de pont établies sur la Bormida décime affreusement ses bataillons.

Il recule.

— Est-ce que Victor a pris médecine ce matin, s'écrie un loustic de la garde consulaire, que le voilà qu'il évacue!...

Lannes accourt. Écrasé par des forces supérieures, le vainqueur de Montebello, à son tour, bat en retraite. Sans les neuf cents grenadiers de la garde consulaire, qui, pendant plus de deux heures, luttèrent contre les masses d'Elsnitz, Napolione eût été perdu. Mais les grenadiers et Carra Saint-Cyr, avec la réserve, donnèrent à Desaix le temps d'arriver sur le champ de bataille.

Il était alors trois heures.

— La bataille est perdue, dit Napolione à Desaix, en baissant l'oreille... Il est prudent de faire nos malles!...

— La bataille ne fait que commencer, répond Desaix. Nous coucherons ce soir dans la plaine de Marengo.

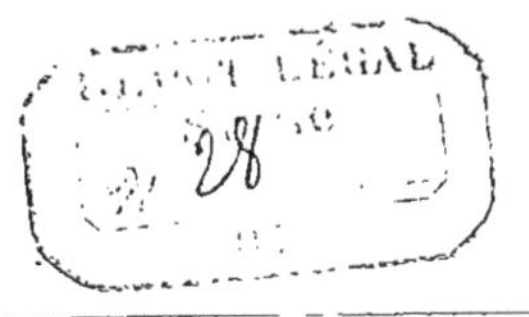

Ces mots électrisent l'armée.

Napolione déboucle ses malles, ceint son grand sabre, enfourche son Franc-Tireur, et suit Desaix qui s'élance à la tête de sa division contre les cinq mille Hongrois que Zach lance sur nous.

Mais, comme nous ébranlons la colonne autrichienne, Desaix tombe frappé d'une balle en pleine poitrine.

Il n'a que le temps de dire à Béranger :

— Ami Pierre, va dire au Premier Consul que je meurs avec le regret de n'avoir pas assez fait pour la République!

Napolione, qui songeait déjà depuis longtemps à étrangler la belle fille au bonnet phrygien, supplia Béranger d'écrire à Commerson que Desaix avait dit « pour la Postérité » et non « pour la République. »

Béranger tint bon : il nous conserva, dans la relation de l'affaire de Marengo, les vraies paroles de Desaix.

Le soir de cette mémorable bataille qui nous valut la conquête de l'Italie, les deux amis eurent ensemble un court, mais sérieux entretien.

— Pauvre Desaix, dit Napolione!... quelle perte!...

— C'est toujours comme ça, répondit Béranger... Les bons s'en vont...

— Et les autres... restent, continua Napolione irrité... Eh bien, vrai, je te remercie... pour les autres!...

Béranger répliqua brutalement : Il n'y a pas de quoi!...

Le soir même, Béranger partit pour Paris.

CHAPITRE XIV

Le Consulat

ROYANT bien avoir battu Buonaparte, Mélas avait sur les trois heures, envoyé des courriers à droite et à gauche pour annoncer sa victoire à toutes les cours de l'Europe.

Quand les Parisiens apprirent la défaite de Napolione à

Marengo, ils invectivèrent leur idole et proposèrent d'appeler la rue de la Victoire rue du Dégommé.

A cette heure, Béranger entrait dans la capitale par la barrière d'Italie.

LA REDINGOTE VERT-POMME DE BÉRANGER

Les Parisiens s'apprêtaient à cribler l'ami de Napolione de noyaux de cerises, quand l'ami Pierre leur annonça la défaite de Mélas et le triomphe de Buonaparte.

Personne ne voulut plus avoir crié : A bas Polione!

Tous hurlèrent vive Buonaparte, sans accorder un souvenir à Desaix.

Béranger arriva chez Cambacérès sans redingote.

Dans leur enthousiasme, les Parisiens la lui avaient déchirée et se l'étaient pieusement partagée. Tous ceux qui furent assez heureux pour s'en procurer un petit morceau, rentrèrent fièrement le soir chez eux, et dirent à leurs enfants : A genoux devant la relique de Marengo!

De nos jours encore, on rencontre de braves gens qui portent un morceau de drap vert-pomme à la boutonnière de leur habit. Quand on leur demande : Qu'est-ce que c'est que ça ? ils fondent en larmes, et répondent : C'est un petit morceau de la redingote vert-pomme que portait Béranger à Marengo!

Et tous les badauds s'inclinent...

Dauds s'inclinent (*bis*). — Offenbach musicavit.

Curieux d'exploiter le chauvinisme des Parisiens, Commerson ne perdit pas de temps. Dans la nuit, après s'être assuré la collaboration de Vero-Dodat, il fait mettre dans un millier de terrines, un affreux résidu de saindoux et de chair à saucisses que, le lendemain, il annonça avec son impudence habituelle dans le *Tam-Tam*, comme du vrai fromage d'Italie.

Les Parisiens, pour qui tout article de Commerson est un article de *foie*, se jettent sur ce produit indigeste qu'ils déclarent exquis.

Auguste et Pierre font une fortune.

CHAUVIN ET LES BONNES D'ENFANTS

Pendant ce temps, Napolione signait avec Mélas la convention d'Alexandrie, après quoi, le 17 juin, il rentra à Milan, avec une partie de son armée.

Les bonnes des Milanais laissèrent brûler le rôti et se précipitèrent sur les promenades où elles poursuivirent nos soldats d'œillades assassines.

Elles semblaient demander à nos braves s'ils n'entendaient pas pousser plus loin leurs conquêtes.

Au nom des troupiers français, Chauvin s'empressa de leur répondre :

> Aux conquêtes Chauvin prétend
> Ne jamais renoncer, ma chère !
> Voit-il une bonne d'enfant,
> Qu'il dit : c'est une *bonne à faire !*

Les bonnes tressaillirent et, comme une politesse en vaut une autre, elles chargèrent une d'elles, la brune Térésa, de répondre à Chauvin dans le langage des dieux.

Après avoir lancé au sapeur un regard brûlant, Térésa

accorda sa guitare et pondit sur l'heure ce quatrain que lui eût envié Madame de Sévigné :

Hier encore à l'amour rétive,
Thérésa fuyait le sapeur...
La belle, aujourd'hui moins craintive,
En vous voyant, rit de *sa peur!*

Inutile de dire que, le soir, on pataugea littéralement dans les illuminations, les festins et les feux d'artifices.

Seul, Napolione, que son aventure néfaste avec la Chiaramonte avait rendu extra-prudent, garda son calme.

Mais, rien de pesant comme la vertu!

Aussi, éprouva-t-il bientôt le violent désir de revoir Paris, et de décharger le trop plein de son âme dans le sein de Joséphine... ce qui fit que, le 17 au soir, il dit à ses soldats : Au plaisir!...

LES DAMES DE LA HALLE

Cinq minutes après, notre général roulait en chaise de poste sur Paris.

Le croyant plus républicain que jamais, Commerson lui prépara une entrée triomphale.

De Lyon à Paris, des cris joyeux, des fanfares, des fleurs accueillirent Buonaparte partout où il passa. A mesure que *l'heureux* vainqueur de Marengo s'approchait de la Capitale, l'enthousiasme tournait au délire.

Pour lui faire fête, Commerson se fendit d'un refrain des

plus suaves, refrain que les dames de la halle ont rendu légendaire.

Napolione était encore à la barrière d'Italie, que ces dames chantaient toutes à tue-tête :

Il arrive! Il arrive!
V'là le héros!

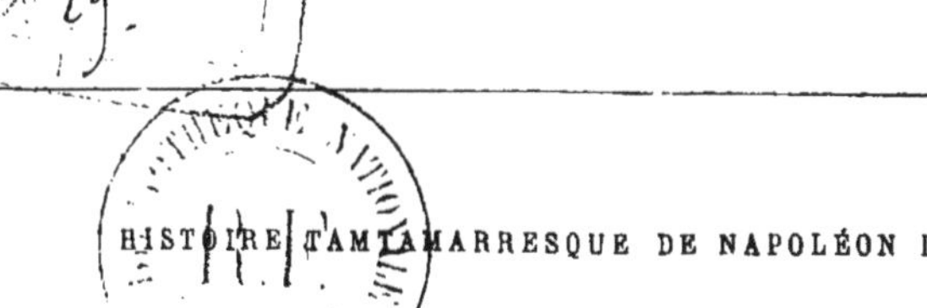

LE DISTIQUE DE L'AMOUR

Après avoir vivement félicité Auguste, Napolione vola aux Tuileries.

Il y arriva entre onze heures et minuit.

Toujours frileuse, Joséphine, une bassinoire à la main, pousse un cri, se pâme, et laisse tomber son ustensile.

Napolione reçoit sa tendre moitié dans ses bras. A la vue de la plantureuse avalanche d'appas qui inondent ses yeux, il s'écrie galamment, en étreignant avec amour sa langoureuse épouse :

Devant tant de beautés, j'entends jusques au jour,
Oubliant tout souci, bander l'arc de l'amour!

Le lendemain matin seulement, frais et guilleret, l'air vainqueur, Napolione se montra aux populations.

MOT PROFOND DE CHATEAUBRIAND

En déjeunant, Napolione demanda à Chateaubriand ce qu'il pensait du pape Pie VII.

Chateaubriand, qui était légèrement théophilanthrope, répondit aussitôt :

— Pas plus de bien que des autres pies ! Vois-tu, Napolione, je les ai étudiés, et je suis arrivé à conclure qu'il ne faut rien demander à ces gens-là, vu que de nous, toujours, *les pies se rient!*

Ainsi mitraillé à bout portant, Napolione ne sourcilla pas : Parlons d'autre chose, dit-il... Comment se comportent les amnistiés de fructidor?

— Au mieux !... C'est pourquoi l'heure est venue de rappeler aussi Pichegru et Willot!... Un gouvernement n'est vraiment fort que lorsqu'il prouve qu'il ne craint personne !

— Possible ! mais Pichegru restera en exil.

— Alors ton amnistie c'st un mot vide de sens.

— Pardon ! les exceptions confirment la règle.

— Non pas, elles la minent.

Mais Chateaubriand eut beau dire et beau faire, Willot et

Pichegru ne bénéficièrent point de l'amnistie que Commerson baptisa d'*amnistie à la pincette*, quelques citoyens manquant malgré tout à *l'appel*.

LE DINDON DE SAINT-LÔ

Une des plus grandes préoccupations de Napolione fut, sans contredit, de juin à décembre, de devenir l'ami du pape.

Le difficile, c'était d'entamer les négociations.

Or, voilà qu'un jour, Fouché, le ministre de la police, apprend au premier consul que le fameux Bernier, curé de St-Lô, un des principaux instigateurs des soulèvements en Vendée, avait un soir mangé un dindon, et que l'amphytrion de l'abbé, un maître-queue de la bonne roche, après avoir admirablement découpé la bête, avait offert le bonnet d'évêque à Bernier.

— Eh bien? interrogea Napolione.

— L'abbé, répondit Fouché, a contemplé béatement l'extrémité du dindon et a dit : Hé! hé! voilà un bonnet qui me plairait assez!

— Faites venir Le Guillois! commanda le premier consul.

Le Guillois parut bientôt.

— Mon fils, lui dit Napolione, voici vingt-cinq louis!... Pars illico pour Saint-Lô! Va trouver Bernier et promets-lui l'évêché d'Orléans, s'il m'aide à avoir raison de Châtillon, d'Antichamp et Suzannet! Audacieux, habile et fluet, tu es l'homme qu'il me faut!... Si tu réussis, je te promets, à ton retour, un second billet de cinq!

Le Guillois ne s'était jamais trouvé à pareille noce. Il en perdit la tête.

Quelques jours après, grâce à l'habileté de Le Guillois, Bernier fit signer, le 13 janvier 1801, le traité de Montluçon aux chefs vendéens.

En 1802, l'abbé fut évêque d'Orléans.

« Passe-moi la casse, » dit le proverbe, « je te passerai le séné! »

QUATRAIN RIGOLO DE L'EMPEREUR FRANÇOIS II

Mais si la guerre était finie en Italie, elle continuait sur les bords du Rhin.

Moreau faisait florès en Allemagne.

Après avoir franchi le Rhin, le 24 avril, et remporté à peu près une victoire par quinzaine, Moreau en finit avec l'Autriche, le 6 décembre, en écrasant l'armée du prince Charles à Hohenlinden.

N'ayant plus de soldats à envoyer à la boucherie, François II se souvint que, en sa qualité de pasteur de son peuple, il avait un cœur paternel. En conséquence, il lança à ses sujets la proclamation suivante :

Enfants, déposons nos rancunes,
Dans notre vin mettons de l'eau !
Nous avons reçu trop de prunes,
De prunes de l'*amer Moreau* !

Les Autrichiens, enchantés, acclamèrent la convention de Vienne, puis le traité de Lunéville, le 8 janvier 1801.

QUATRAINS DE CHAUVIN

Ravis de rentrer dans leurs foyers, les soldats de la République repassèrent le Rhin en chantant :

Grandes dames comme truandes
En Allemagne sont très-bien !
Ce qui plaît chez les Allemandes,
C'est surtout la chute... *du rein* !

Une fois Moreau rentré en France avec son armée, la guerre fut pour ainsi dire terminée.

C'est alors que l'illustre Chauvin, se reposant sur ses lauriers, se retira à Montreuil et envoya au *Tam-Tam* la célèbre dépêche suivante :

Chauvin, si belliqueux naguère,
A Montreuil se repose enfin,
Car si Chauvin aime la guerre,
Il aime aussi *la paix, Chauvin* !

OU PYLADE SE BROUILLE AVEC ORESTE

En attendant Moreau, Buonaparte élaborait la fondation de la Banque de France, qui vit le jour en 1801.

A ce propos et à cette époque, Chateaubriand et Béranger,

peu rémunérés par Commerson, se séparèrent avec éclat de Napolione. Ces deux grands hommes ne pardonnèrent jamais au premier consul de leur avoir refusé, au premier, le poste de gouverneur, au second, la place de caissier principal de la Banque. Ils prétendaient que personne, mieux qu'eux, n'eût fait aller les fonds.

Commerson ayant donné tort à ses collaborateurs, ceux-ci indignés quittèrent le *Tam-Tam*.

D'abord, cela fit rire Auguste.

Mais lorsque Chateaubriand, de concert avec Simon, eût fondé la société des *Crânes - Annonces*, et lorsque Béranger avec Le Guillois eurent couvé et fait éclore le *Hanneton*, Commerson ne rit plus.

Il blâma tout haut Napolione de sa lésinerie, et fit offrir à ses anciens rédacteurs neuf francs cinquante de plus par mois.

Les autres exigèrent dix francs.

Commerson accorda la demi-pistole.

PREMIER SALUT DES ROIS A LA RÉPUBLIQUE

D'autres grands événements se passaient alors.

En effet, le 18 février de cette même année 1801 — an IX... saluez tous ! — le roi de Naples signa avec la République le traité de Florence, qui nous donnait la principauté de Piombino et l'île d'Elbe.

Le 29 septembre, la paix avec le Portugal fut signée à Madrid.

Le 8 octobre, la Russie, à son tour, traitait avec nous.

Enfin le 9, la Porte-Ottomane imitait la Russie.

Plus tenace, l'Angleterre ne signa le traité d'Amiens que le 25 mars 1802.

L'état des choses créant des loisirs à Napolione, le Corse donna toute son attention à l'intérieur.

SIGNATURE DU CONCORDAT

Pendant qu'il s'occupait de la fondation d'une quarantaine de lycées, qui émergèrent en 1802, et qu'il préparait les codes qui devaient faire leur apparition en 1803, Napolione ne cessait de tâcher d'attraper le hanneton qui le taquinait depuis si longtemps.

Son hanneton, c'était la signature du Concordat.

Pensant rallier à sa personne le faubourg Saint-Germain,

toujours boudeur, notre Corse naïf voulait à tout prix nous rendre les prêtres.

Le pape Pie VII, qui occupait alors la chaire de saint Pierre, envoya à Paris le cardinal Consalvi, qui s'aboucha avec l'abbé Bernier et Le Guillois.

Ces trois grands hommes, bien que parlant, l'un italien, l'autre français et le troisième javanais, finirent par s'entendre et mener l'entreprise à bonne fin, puisque le 15 juillet 1801 le Concordat fut signé, à la grande satisfaction... de Napolione.

En effet, Buonaparte n'arriva à ce résultat désiré qu'après avoir sué sang et eau.

Aussi, dit Commerson, son idée avait-elle *transpiré.*

De toutes parts, on blaguait l'*heureux* vainqueur de Marengo.

Monge, lui-même, lui dit un jour : Ah çà, est-ce que vous avez l'intention, citoyen premier consul, de nous faire revenir aux billets de confession ?

— Il ne faut jurer de rien ! répliqua sèchement l'autre.

Commerson, qui n'a jamais été cagot, fit une violente opposition à son ami dans son journal.

En 1802, quand le cardinal Caprara officia pontificalement à Notre-Dame, Auguste osa écrire que le mécontentement de l'armée était extrême.

Il alla jusqu'à rapporter dans sa feuille — voir le *Tam-Tam* de 1802 — la conversation suivante entre le général Delmas et Napolione à l'issue de la cérémonie.

— Comment avez-vous trouvé cela, général? demanda le premier consul à Delmas.

— Une belle capucinade, répondit celui-ci, à laquelle il n'a manqué qu'un million d'hommes... tués pour détruire ce que vous rétablissez !

Napolione se mit d'abord dans une belle colère, mais il dut politiquement ronger son frein devant l'explosion de la colère publique.

L'ESPRIT DES SOTS

Royalistes et Jacobins, tous les mécontents enfin, tous les jaloux, et le nombre en était grand, se vengèrent en faisant des calembours.

Un beau soir, chez Moreau, un des chefs de l'opposition, Bernadotte gagea qu'avant peu on verrait le pape à Paris! Le Saint-Père, ajouta-t-il, le Saint-Père sera plus fier que jamais!

— Alors, dit Commerson, qui ouvrit le feu, nous verrons le successeur des Pies rogue!

— Hé, cher Commerson! s'écria Carnot, vous qui connaissez Pie VII, que pensez-vous de lui!...

— Ne me demandez pas mon avis, répondit Auguste; nous sommes mal ensemble, et Pie et moi.

— Pourquoi? insista Carnot en riant.

— Je vais vous le dire. Un jour, à Rome, après dîner, chacun des convives ayant été prié de raconter une petite historiette, chacun se fendit de la sienne, excepté Pie. On eut beau le presser, il s'obstina à garder le silence. Agacé, je lui criai : Hé ! Pie, narre !...

— Il vous en a toujours voulu?

— Cela m'étonnerait, dit Moreau... On dit que le meilleur caractère du monde est celui que le pape a !

— Quelle est la couleur de ses cheveux? demanda Mme Moreau.

— Belle dame, répondit Bernadotte, on dit partout qu'il est roux, Pie !

— A-t-il un bel organe?

— Magnifique..., et onctueux... à moins qu'il ne soit enrhumé, parce que alors, comme tous, il a une vilaine toux, Pie!

— On le dit très-religieux?

— Personne ne saurait-être plus que Pie pie !

— On le tient peu sévère ?

— Il n'est sévère qu'à son corps défendant. N'est-il pas naturel, lorsqu'il a à se plaindre de quelqu'un, que comme nous le pape Pie tance.

— C'est égal, dit Monge, je lui reproche de nous avoir fait la guerre.

— Ah ! répondit Le Guillois, son entourage seul est coupable de cette sottise. Quand on a mis la question aux voix, Pie n'a pas voté, prétendant qu'il n'est point bon qu'on puisse dire du pape : Tiens ! le pape Pie vote !

— Sort-il à pied ou en voiture? interrogea Moreau ?

— Il sort presque toujours en char, Pie !

— Il est donc bien gros?

— Au contraire, puisqu'on l'a surnommé Ponce...

— Pourquoi Ponce ?

— Ponce Pie Latte !...

— Assez, mes enfants, assez! s'écria Bernadotte... Chacun cherche trop ses effets, et les effets, selon moi, à propos de Pie ratent !

— Tout cela, reprit Monge, ne nous dit pas si le pape est spirituel ?

— Très-spirituel ! Un jour qu'il descendait de sa mule et que le palefrenier lui demandait ce qu'il fallait donner à la bête, avoine ou foin : Donnez-lui, dit le bon pape, avoine !

— On le dit d'une sobriété exemplaire?...

— Il est de fait qu'on n'a jamais vu le pape Pie rond !

— S'il vient à Paris, où le logera-t-on?...

Commerson leva les épaules et dit : Gens naïfs!... Comment! vous ne voyez pas d'ici où le pape Pie sera!... Il logera où Fesch ira !

— Il est de fait qu'il serait drôle, dit mademoiselle de Staël, qu'il logeât à la belle étoile. Ce serait la première fois qu'on verrait un des Pies sans lit !

— Adorable Corinne, dit galamment Commerson, c'est trop nous occuper d'un personnage qui ne viendra jamais dans nos murs!

— Qui vivra verra !

— Jamais le pape ne viendra en France tant que la France sera en République !

— Et pourquoi?...

— Parce qu'il aurait trop peur que le faubourg Saint-Germain dît de lui que le pape Pie se tache!

— Il viendra, croyez-moi, ne fût-ce que pour se venger de vos calembours!

— Non!... Pie VII ne comprendra pas ce qu'il appelle l'esprit des sots!... Un soir, à Rome, j'ai entendu la Chiaramonte dire à la Contarini : Chère belle, Pie ne peut, malgré tous ses efforts, arriver à saisir les finesses de la langue française. Hier, il n'a pu comprendre un calembour de Chateaubriand, calembour que tout le monde a saisi : Vrai! j'ai vu le pape Pie sot hier!

Malgré les criailleries et les calembours, Napolione alla de l'avant et, comme nous l'avons dit, le Concordat fut signé le 15 juillet 1801.

MODESTIE DE LE GUILLOIS

Si, lors de la création de l'ordre de la Légion d'honneur, Le Guillois ne fut pas décoré, c'est que, à l'exemple de Ducis et de Commerson, son républicanisme lui interdit le port du ruban rouge.

C'est dire qu'en 1802 Napolione eut l'idée de fonder l'ordre de la Légion d'honneur.

La Légion d'honneur date du 19 mai.

La réorganisation de l'école polytechnique date aussi à peu près de cette époque.

Toujours la même chose, en tout lieu, en tout temps : à côté du bon grain l'ivraie !

LE CODE NAPOLÉON

En même temps, d'illustres hommes de loi préparaient le Code qui fut promulgué le 21 mars 1803 et qui reçut le nom de Code Napoléon parce qu'il fut l'œuvre de Tronchet, de Portalis et de Bigot de Préameneu.

Ne point s'étonner de cela. La chose s'est vue fréquemment. Nul n'ignore que Voltaire, parfois pied-plat, a appelé le *Siècle de Louis XIV*, un livre, qu'il eût dû nommer le *Grand siècle*, vu que le Roi-Soleil, pour sa part, se borna

constamment à danser aux yeux de sa cour dans des ballets,

à prendre deux lavements tous les matins, par ordre de Fa-

gon, à révoquer l'édit de Nantes, ce qui ruina la France et commença la prospérité de l'Allemagne, à enrichir des courtisanes, à aller à confesse et à ordonner les dragonnades, à légitimer des bâtards et, par ses folles dépenses, à préparer la banqueroute de la France, laissant tout à faire aux Mazarin, aux Colbert et aux Louvois, aux Turenne, aux Condé, aux Fabert, aux Vendôme, aux Luxembourg et aux Villars, aux Duquesne, aux Trouville et aux Jean Bart, aux Corneille, aux Racine, aux Boileau et aux la Fontaine, aux Quinault et aux Lulli, aux Mansart et aux Lenôtre, aux Puget, aux Poussin et aux Lebrun qui, tous, dans leur petit doigt, valaient mieux que ce grand dadais couronné dans toute sa personne !

Au moins Napolione donna-t-il de nombreux et bons avis à ses collaborateurs et paya-t-il de sa personne à toute heure de ce règne si fatal à notre pays et chercha-t-il à mourir à Waterloo alors que Loys attendait à Versailles le résultat de la bataille de Denain.

Aussi celui qui naquit roi fut-il un pauvre sire heureux, tandis que celui qui naquit pauvre sire restera toujours, malgré ses fautes et ses crimes, un grand capitaine qu'il faut admirer en tant qu'homme de guerre, et mépriser comme homme, vu que, souverain, la postérité ne lui conservera qu'un nom : *Invasion Ier*.

NAPOLIONE DUELLISTE

Une chose chiffonnait désagréablement Napolione : l'hostilité sourde de Moreau. Le général de l'armée du Rhin ne voulait point paraître aux Tuileries.

Un jour Buonaparte perdit patience et envoya Fouché et Murat porter un cartel à Moreau. Le lendemain, les deux plus grands généraux de l'époque devaient se battre au sabre au bois de Boulogne.

Mais les témoins des deux parties manœuvrèrent si bien qu'on pluma simplement les canards.

Ces pauvres volatiles ne cessèrent de frapper l'air de leurs lamentations. Mais ils en dirent tant et tant qu'à la fin on les accusa de faire des *cancans*.

Délaissés, les canards se réfugièrent dans les bureaux du *Constitutionnel* et de la *Patrie*.

Pauvres bêtes!... C'est des canards que nous parlons.

EXPÉDITION DE SAINT-DOMINGUE

Un certain mécontentement régnant dans l'armée, surtout dans l'armée du Rhin, Napolione, après la paix d'Amiens, se débarrassa de ces pointus en envoyant à Saint-Domingue quarante mille d'entre eux, sous le commandement du général Leclerc, son beau-frère, celui-ci ayant commis l'imprudence d'épouser mademoiselle Pauline Buonaparte.

A son arrivée, Leclerc lança cette proclamation dirigée contre Toussaint-Louverture :

Toussaint, de tout ce qui se passe
Dans l'ignorance tient le Noir,
Ce moyen, qu'il croit efficace,
N'empêche pas le *Noir d'y voir!*

Flattés, les Noirs abandonnèrent Toussaint, qui fut battu et fait prisonnier. Leclerc télégraphia sa victoire à la France en ces termes :

C'est vraiment extraordinaire,
Les balles épargnent nos rangs.
On dit que la dernière affaire
Ne nous a coûté que *six blancs.*

Ce calembour réjouit tellement les Parisiens que Napolione envoya Béranger féliciter Leclerc. Pierre partit le matin, ventre à terre sur *un fil électrique*, et revint le soir même par la même voie.

Mais une seconde rencontre avec Christophe fut plus meurtrière pour nous, car voici ce qu'écrivait Jean Bonneau à Marcassin, son frère :

J'ai vu, la semaine dernière,
Parmi nos soldats décimés,
Mille blancs mordre la poussière
Et fort peu de *noirs de fumés!*

Malgré tout, nous poursuivions notre marche victorieuse, quand les Noirs appelèrent la fièvre jaune à leur secours. Dans notre indignation, nous battîmes une troisième fois les

Noirs. Voici en quels termes le galant Boquillon raconta cette victoire à sa payse :

Le nègre est rusé, mais ici
Pour sa malice point d'excuses!
Durement le Noir fut puni
Hier par le *blanc de ses ruses!*

Mais, finalement, diminués des trois quarts, nous dûmes nous estimer un jour heureux de revenir en France, sans

notre brave général, dont la mort causa un si violent chagrin à sa veuve qu'elle se pendit plus tard au cou du prince Borghèse.

Quand on sut que nous avions laissé trente mille des nôtres là-bas, on accusa Commerson d'avoir publié de bonnes fausses nouvelles. Le malin singe s'en tira par ce quatrain jovial :

Le nègre marron est très-braque.
Il s'est moqué de nous un peu :
C'est lui, non nous, lors de l'attaque,
Qui tira les *marrons* du feu !

On rit et on fut désarmé.

A notre retour, nous trouvâmes Buonaparte consul à vie.

CHANGEMENTS MIGNONS A L'INTÉRIEUR

Au rapport, on nous lut une Constitution nouvelle de l'an X.

Les électeurs furent nommés à vie avec le droit réservé au premier consul d'en augmenter le nombre.

Béranger protesta en vain contre cette iniquité.

— Ainsi armé, dit-il à Napolione, quand tu n'auras plus la majorité, tu lanceras dans la mêlée une poignée de nouveaux électeurs...

— Bien pensants, interrompit Buonaparte.

— C'est-à-dire pensant bien pour toi !... C'est du joli ! Et tu crois que j'accepterai encore que le Sénat puisse à son gré changer les institutions?

— Évidemment ! Si le Sénat estime que la République a fait son temps... qu'autre chose vaut mieux... et qu'il n'ait pas le pouvoir de vouloir cette autre chose... ce n'est plus un Sénat... c'est un soliveau !

— Alors ton Sénat pourra suspendre les fonctions du jury?

— Si le jury ne juge pas en ma faveur... Autrement, tu me connais! les arrêts du jury me seront sacrés!

— Ton Sénat pourra annuler les jugements des tribunaux?

— S'ils me sont contraires! hors de là, jamais!

— Il pourra dissoudre le Corps législatif?

— Évidemment! Comprends-moi bien, mon bon Pierre! Je puis vouloir une chose et le Corps législatif une autre... Tiraillements! Nul ne voulant céder, le Sénat intervient...

— En ta faveur?

— Sans ça!

— Enfin, ton Sénat pourra mettre les départements hors de la Constitution?

— Ça, c'est le bouquet!

— C'est l'état de siége!

— Un amour d'état! Quand on en aura goûté une fois, tu verras qu'on y reviendra comme au plus succulent, au meilleur des plats!

— Mon bon, tu tournes à César Octave!

— Dis donc! il me semble que je le vaux bien!

— Adieu, Escobar!

— Au revoir, Jeannot!

RUPTURE AVEC L'ANGLETERRE

Depuis deux ans, la gradation devenait effrayante vers le pouvoir absolu. En 1803, voyant que Napolione allait jeter le masque, l'Angleterre prit les devants et, le 13 mai de l'an XI, l'ambassadeur du Royaume-Uni, lord Witworth, quitta Paris, en déclarant que le roi Georges ne rendrait jamais ni Malte, ni le cap de Bonne-Espérance.

Napolione se mit à rire : Eh bien, moi, répondit-il, je m'annexe le Piémont, Parme et la Suisse!

— Nous allons lâcher sur vous nos onze cents vaisseaux de guerre, répliqua le lord.

— Et moi sept armées consulaires sur vous, riposta crânement Napolione!

— Bonne chance! éternua l'autre.

— Dieu vous bénisse, milord!

Dès le lendemain, nos voiles couvrirent la Seine depuis Bercy jusqu'à Bougival, et le grand-maître de l'artillerie reçut l'ordre de fondre des boulets nouveaux, dits boulets d'acier. A cet effet, voici ce qu'on lut dans le *Moniteur :*

Il nous faut des boulets d'acier,
Car on ne peut, à notre époque,
D'un navire anglais tout entier
Rien faire, *sans eux, à la coque !*

Des deux côtés on se prépara activement à la guerre.

AFFAIRE CADOUDAL

Mais, à l'intérieur, tout ne marchait pas selon les désirs de Buonaparte. Le mauvais résultat de l'expédition d'Égypte, où Kléber était mort assassiné, où Menou avait dû capituler, et la funeste issue de la guerre contre Saint-Domingue avaient monté les têtes.

Georges Cadoudal, Armand de Polignac et Pichegru,

échappé de Sinnamary, crurent le moment favorable pour ourdir une nouvelle conspiration.

Entraîné par sa femme, Moreau, ayant un jour pris l'*omnibus*, fut accusé de *correspondance* avec les chouans.

Des libelles, dans lesquels Napolione était traité de Corse déserteur et d'assassin de Kléber, furent jetés par ballots dans la capitale. Un seul pamphlet, il est vrai, parvint à destination. Mais un aide-de-camp de Moreau ayant reçu ce pamphlet dans un panier de beurre d'Isigny, Fouché fit arrêter Blanche.

La malheureuse tragédienne ne s'en tira qu'en montrant à Fouché le célèbre tour des trois poissons.

Paris fermentant, les conjurés se rendirent à Paris. Cadoudal proposa carrément d'attaquer l'escorte du premier consul et de s'emparer de celui-ci. C'était la lutte à visage découvert. Les autres conspirateurs ayant préféré combattre à l'ombre, se firent tous pincer.

Moreau, en sa qualité de général, fut condamné à deux ans de détention, peine qui fut commuée en celle du bannissement. Les vulgaires Dumanets furent tous fusillés.

Pichegru, quoique général, fut trouvé un beau matin étranglé dans sa prison.

Les buonapartards d'alors firent courir le bruit qu'il s'était étranglé *lui-même* en essayant un faux-col.

Les ratapoils eurent beau faire et dire, on crut généralement que quelqu'un aida Pichegru.

Cadoudal, qui logeait dans un cabriolet, fut arrêté rue

Monsieur-le-Prince, par des agents de police. Georges, ayant deux pistolets sur lui et ne voulant pas tirer sa poudre aux moineaux, fit feu sur les agents, en tua un et estropia l'autre.

Comme c'était une Tête, on lui offrit sa grâce et le grade de colonel.

Mais cette tête surmontait un corps d'homme. Cadoudal refusa le brevet et la grâce — et fut exécuté.

Plus tard, Xavier — Louis XVIII — anoblit sa famille, ce qui fit que d'aucuns ne se gênèrent pas pour appeler *le Désiré* le patron des assassins.

— Il n'a pas assassiné, répondirent les royalistes.

— Il a assassiné, répliquèrent les buonapartards.

— Non!

— Si!

Et ça dure toujours.

Il est vrai que, plus tard, le républicain Barbès tua à son tour un lieutenant de Louis-Philippe. Le roi n'ayant pas voulu que la tête d'Armand roulât sur l'échafaud, reçut, lui aussi, son petit surnom, celui d'*ange de l'assassinat*.

— Il a assassiné, dirent les riflaristes.

— Il n'a pas assassiné, répondirent les anti-pépinistes.

— Si!

— Non!

Et ça dure encore.

Tas de bêtas! Depuis quand fait-on des omelettes sans casser des œufs?

GÉROMÉ ET LE DUC D'ENGHIEN

Quant au duc d'Enghien, en villégiature à Etteinhem, dans le grand duché de Bade, il fut arrêté de nuit par une patrouille française qui passa là *par hasard.*

Géromé, le brigadier légendaire, amena en poste le prince à Vincennes,

Dans la tour du don,
Dans la tour du don,
La tour du donjon.

Le duc commençait à croire qu'il en serait quitte pour un *œil crevé*, quand il apprit qu'en guise de souper on allait lui servir une cour martiale.

— Je proteste, s'écria-t-il.

— Mon prince, répondit respectueusement Géromé, c'est votre droit!

— Comme accusé, reprit le duc, j'ai droit à toutes espèces d'égards! Je supplie le président de ne point remuer ses pieds dans ses bottes... autrement, je serais forcé de dire qu'ici c'est lui l'agitateur!

Un second mot comme celui-là et Condé était sauvé.

Le prince préféra avaler sa langue.

Dans sa colère, Géromé condamna d'Enghien à recevoir douze balles dans le ventre, ce qui fait que les ratapoils ont

toujours essayé de faire accroire au peuple que le prince était mort d'une colique de plomb.

Une fois de plus, la Force avait primé le Droit!

PROPOSITION DE CURÉ

Ce fait impressionna tout le monde en général et Commerson si vivement, en particulier, qu'il mit une sourdine à sa polémique.

Le *Tam-Tam* lui-même ne faisant plus qu'une molle opposition, le tribun Curé se dit que l'heure de tout oser avait sonné. En conséquenee, le 7 floréal, il proposa de confier le gouvernement de la République à Napolione, empereur héréditaire.

Malgré la protestation de Carnot, ce qui valut à celui-ci l'invitation d'aller voir si les petits pois poussaient ailleurs aussi verts qu'à Clamart, le 28 floréal, an XII, — ne saluez pas... c'est la honteuse année de l'Usurpation, — l'empire fut proclamé à Saint-Cloud.

Le lendemain, le tribun Curé, — chose merveilleuse, unique même dans l'histoire, — accoucha d'une femelle... bien connue sous le nom de la curée des places.

Il plut alors tant de princes, de maréchaux, de pages, de chambellans et de titres de noblesse qu'un brevet de marquis creva le parapluie de Le Guillois et tomba sur le nez de notre ami.

— J'ai sans doute assassiné quelqu'un, s'écria Le Guillois, que je mérite les faveurs de Buonaparte !

NAPOLIONE A BOULOGNE

En juillet, Napolione se rendit à Boulogne où Brueys, en

ordonnant, malgré Buonaparte, de tourner la tour de Croï, évita au nouvel empereur le désagrément d'être coulé par Nelson, qui remporta une jolie veste en ne pouvant même pas parvenir à ébranler notre ligne d'embossage.

TOUJOURS LES ANES SAVANTS

C'est à Boulogne que Napolione reçut le célèbre mémoire de Fulton.

Il le donna à examiner aux ânes savants choisis avec soin dans les différentes classes de l'Institut.

Les Arcadiens traitèrent Fulton de visionnaire.

TRAVAUX DE NAPOLIONE ET MÉSAVENTURE DE VAVASSEUR

A Boulogne encore, Buonaparte fit une grande distribution de croix de la Légion d'honneur, créa douze écoles de droit, institua les courses de chevaux qui eurent tant de mal à s'implanter chez nous, fonda l'École normale de Paris et l'École militaire de Saint-Cyr, remplaça le calendrier républicain par le calendrier grégorien, créa le Chapitre de Saint-Denis pour les anciens évêques non pourvus, et résolut d'imposer à tous la vaccine, tout nouvellement découverte par Jenner.

Un républicain endurci, — Vavasseur, — ayant blagué Jenner, fut tout à coup changé en Adonis.

A la vue d'Adonis-Vavasseur, une terreur folle s'empara de la foule.

Elle courut en hâte se faire vacciner.

Avant de quitter Boulogne, le singe de Louis XIV, se souvenant que celui-ci avait dansé le menuet devant toute sa

cour, dansa la Boulangère avec madame Bertrand dans les salons de la préfecture.

On en rit encore à Boulogne.

Après la danse, Napolione quitta la ville et ne s'occupa plus que de son couronnement.

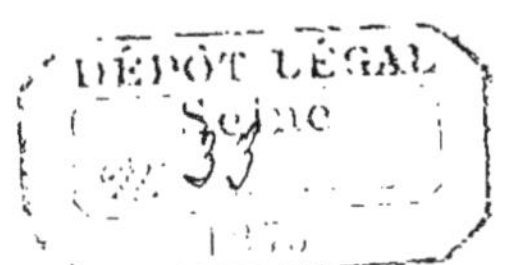

LE COURONNEMENT ET LA SERINGUE

Le pape arriva le 30 novembre à Fontainebleau.

On convint que la petite fête aurait lieu le onzième jour de frimaire, 2 décembre 1804.

Ce jour-là, la foule encombra Notre-Dame, où Napolione se trouvait et Pie VII aussi.

A midi, le saint-père sacra Attila II.

Nous ne citerons qu'un seul des cadeaux faits par l'empereur à l'occasion de son couronnement.

Il offrit au camerlingue de Sa Sainteté la célèbre seringue qu'il avait rapportée d'Italie, cadeau de la Chiaramonte, et avec laquelle on sait qu'il soufflait lui-même son macaroni.

Le camerlingue l'a toujours gardée comme le plus beau jour de sa vie et Béranger a chanté la chose.

Nous ne donnerons qu'une strophe de cette pièce poétique qui ne figure pas, et pour cause, dans les œuvres du célèbre chansonnier.

Enfants, si Napolione
N'eût inventé certain jour
Cet aimable instrument pour
Souffler au mieux le macarone,
Nous n'aurions mangé jamais
Qu'un macarone vulgaire
Et non le meilleur des mets
Que l'on connaisse sur terre.
Mes amis, comme un trésor
Il faut garder sa seringue,
Der sa seringue!

LE CHOEUR.

L'avez-vous, bon camerlingue,
L'avez-vous encor?

CHANGEMENT DE FRONT, CHANGEMENT DE NOM

Le lendemain, la République étant dûment enterrée, le *Tam-Tam* parut encadré de noir.

Commerson annonça carrément à ses abonnés qu'il lâchait Napolione.

Napolione, lui, alla prendre un bain, et, croyant avoir bien décrassé le vilain, il lâcha impudemment son nom pour prendre celui de Napoléon.

FIN DE LA PREMIÈRE PARTIE

TABLE DES MATIÈRES

PREMIÈRE PARTIE

LA RÉPUBLIQUE ET LE CONSULAT

FIN DE LA TABLE DE LA PREMIÈRE PARTIE.

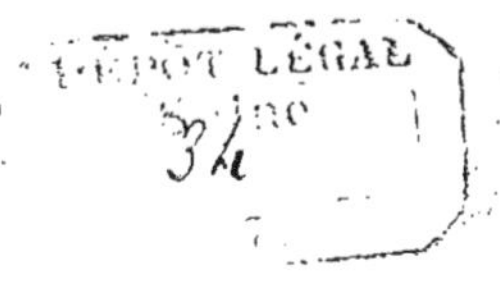

NAPOLÉON IER

HISTOIRE TAMTAMARRESQUE DU GRAND HOMME

PAR

AMABLE BAPAUME

DEUXIÈME PARTIE

L'EMPIRE

Le dessin représentant Napoléon dans son costume légendaire du petit chapeau et de la redingote grise, portant écrit sur son dos : INVASION Ier, debout sur une colonne d'os et de têtes de morts,

Ayant été refusé par la Censure, l'auteur interrompt son histoire et attend, pour la poursuivre, des temps meilleurs.

CHAPITRE PREMIER

La troisième coalition

PRÈS la proclamation de l'empire, ce qui mit en liesse les ambitieux qui éprouvaient le besoin d'avoir une clef dans le dos et ceux qui avaient rêvé d'être les inspecteurs des perroquets plus ou moins verts de la nouvelle impératrice, la lassitude et l'ennui envahirent Paris.

C'est que, deux mois après son couronnement, Napoléon avait fait une atroce boulette.

Dans un moment de fureur, sans crier gare, il avait tout simplement supprimé le *Tam-Tam*.

Paris était immédiatement devenu aussi gai que Londres.

Joséphine, qui était une femme d'esprit, dit un soir à Napoléon : Mon minet, j'ai une envie...

Le visage du porte-diadème s'éclaircit.

— Serait-il vrai?...

— Une folle envie de boire un bock!

— Veux-tu aller au Vert-Galant?

— Ça y est!...

Le temps de se mettre, elle, un tartan sur les épaules, lui, son carrick sur le dos, nos deux amoureux, bras dessus, bras dessous, quittèrent les Tuileries et gagnèrent le Pont-Neuf.

Joséphine commença par vider son bock.

Après avoir crânement vidé son verre tout d'une traite, Joséphine dit résolûment à son époux : Mon toutou adoré, ça ne peut pas durer comme ça! Depuis que Commerson et Béranger nous boudent, rien ne va plus. Royer-Collard ne parle plus, Le Guillois se tait et Chateaubriand ne fait plus de calembours... Il faut faire la paix avec Auguste!... Faisons les premières avances!...

— Joséphine, je te défends de t'avancer!... Je me charge de la chose!...

OU NAPOLÉON FOURRE BÉRANGER DEDANS

Immédiatement, l'empereur pria Auguste de passer aux Tuileries.

En l'absence de Commerson, qui pêchait alors à la ligne sur les bords de la Tamise, Béranger, après avoir pris l'avis de la rédaction, répondit à Napoléon : Mon bon, quand on a besoin des gens, on vient les trouver. Demain, je t'attendrai au café de la Paix, entre quatre et cinq heures, à l'heure de l'abs.

Napoléon piqua un léger arc-en-ciel, mais, comme un simple Bergeret, le lendemain, il se rendit, *lui-même,* au caboulot de la rédaction.

Il aperçut Béranger à gauche. Béranger jouait au billard avec Chateaubriand.

Pierre jeta sa queue sur le billard et vint au-devant de Napoléon.

Il y avait alors quatre mois pleins que ces deux illustrations ne s'étaient vues.

— Que me veux-tu? dit le premier à l'empereur.

— J'ai soif, répondit celui-ci.

— Garçon, cria Pierre, une abs-gueumme!

— Pardon, interrompit Napoléon, j'ai soif de savoir pourquoi Commerson a rompu avec sa vieille?

— Parce que sa vieille a étranglé la République!

— T'es bête!... Écoute-moi, et, avant cinq minutes, Oreste pressera Pylade dans ses bras.

— Je t'écoute!

— Ami Pierre, reprit Napoléon, je n'ai pas du tout étranglé la République... Je soutiens que je l'ai affermie... Seulement je lui ai donné un autre nom... Pour réconcilier les royalistes et les républicains, j'ai imaginé l'Empire!... En refusant à chacun le gouvernement de son choix, je mets tout le monde d'accord !

Après moi, chacun espère s'emparer du pouvoir.

Si Dieu me prête vie, j'habituerai le pays au gouvernement d'un tiers... et, après moi, la France enverra tous les prétendants à la balançoire, et, sous le nom d'empereur, se choisira à leur nez et à leur barbe un second gaillard à poil et à poigne pour président !...

— Mais, si tu as des enfants ?

— Mon petit, le temps des enfants est passé... Aujourd'hui, pour arriver, il faut être, non le fils de son père, mais le fils de ses œuvres !

— Conclus !

— Je désire que ton journal reparaisse, non pas comme journal officiel, mais comme feuille d'opposition... J'ai besoin qu'un ami vrai me parle avec son esprit et son cœur !... Es-tu gêné ?... Parle !... Ne fais pas le fier avec moi... J'ai sur moi quarante-sept francs... En veux-tu la moitié ?...

— Paye simplement la consomme et dis à Joséphine que j'irai ce soir dîner avec vous.

— A ce soir sept heures !...

— A sept heures... et de l'ail dans le gigot !

Joséphine guettait le retour de Napoléon.

— Eh bien ?... lui dit-elle en apercevant son époux.

Napoléon répondit : Je les ai roulés !

— Flipotte, cria Joséphine joyeuse, apportez-moi le gigot, je veux l'embrocher moi-même !...

LA REVANCHE DE BIBI

Pour célébrer la réapparition du *Tam-Tam*, Commerson, de retour des bords de la Tamise, emmena dîner tous ses rédacteurs à trente-deux sous. En sablant les vins généreux, Royer-Collard demanda à Auguste si Napoléon était de bonne foi.

— Qu'il s'avise de jouer avec Bibi, répondit énergiquement Commerson, et il verra s'il lui en cuira!

Le 26 mai de cette mémorable année 1805, Commerson fit une singulière grimace. Le télégraphe venait de lui apprendre que Napoléon, le matin même, s'était fait nommer roi d'Italie. Montretout, qui venait demander une avance au patron, l'entendit qui disait :

— Quoi! Il vient de se payer la couronne de fer des Lombards!... Me l'aurait-il faite à la moelle?

Généreux et naïf, il doutait encore.

Il ne comprit qu'il avait été joué que lorsqu'il connut la lettre que Napoléon avait écrite le 10 juin, du camp de Castiglione, au roi d'Angleterre.

Quand il lut, comme tous, que Napoléon avait commencé son épistole par ces mots : « Sire, monsieur mon frère, » il appela toute sa rédaction, et, d'une voix de tonnerre :

— Mes enfants, nous dit-il, ça y est!... Napoléon a passé la jambe à pépère!

— Montjoie et Saint-Denis! cria Le Guillois.

— Il jette le masque, reprit Auguste... c'est la guerre!... La guerre, soit!...

— Vivat! poussèrent Lafitte et Chateaubriand.

— Dût le *Tam-Tam* y perdre son nom, nous combattrons cet homme jusqu'à notre dernière goutte d'encre!.

— Hourrah! jeta Montretout.

— Il m'a blagué... je le condamne à dix ans de *Tam-Tam!*... Fourbissez vos plumes, astiquez vos phrases, limez vos mots, et, chaque fois que César fera une boulette, feu de toutes pièces sur César!...

— César nous supprimera, dit Béranger.

— Qu'il l'ose, et je parais à Londres!... Montretout, qui est très-fort comme aéronaute, partira tous les jours en ballon, et, du haut des airs, il inondera de nos exemplaires les villes et les campagnes!...

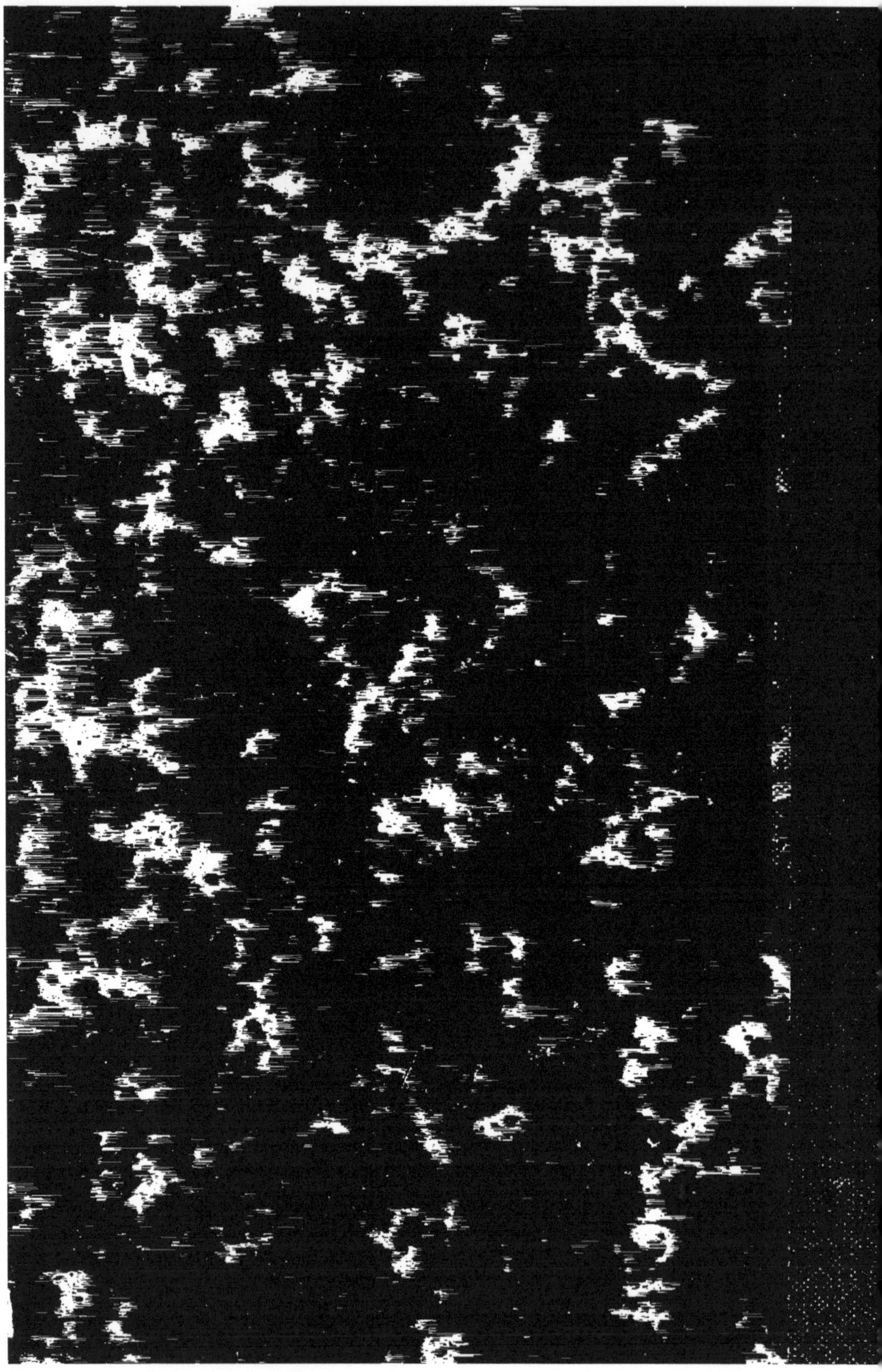

www.ingramcontent.com/pod-product-compliance
Ingram Content Group UK Ltd.
Pitfield, Milton Keynes, MK11 3LW, UK
UKHW012019240726
13965UKWH00002B/453